Claus Mattern, Jahrgang 1947, ist von Beruf Steuerberater mit eigener Kanzlei zunächst 30 Jahre in München, später in Niederbayern. Er war lange Jahre im internationalen Vorstand einer christlichen Laienbewegung (IVCG), die es sich zur Aufgabe gemacht hat, Führungskräfte und Menschen in Verantwortung mit dem Evangelium zu erreichen.

Claus Mattern

Denkpause

Pause **zum** Denken, nicht **vom** Denken

© 2021 Claus Mattern

Umschlaggestaltung: Alina Lehle

Herstellung und Verlag: BoD – Books on Demand, Norderstedt

ISBN: 978-3-7543-9625-4

Inhaltsverzeichnis Seite

VORWORT

Wir leben in einer hektischen Zeit, wo nach Möglichkeit jede freie Minute für irgendwelche Aktivitäten genutzt wird. Wenn es nach dem Willen der Gewerkschaften geht, wird die wöchentliche Arbeitszeit immer mehr verkürzt. Aber gewinnen wir dadurch persönliche Zeit für uns, Zeit, die wir nutzen, um uns einmal in Ruhe hinzusetzen und über uns, unser Leben, unsere Beziehungen oder sogar die Beziehung zu unserem Schöpfer nachzudenken?

In der Regel füllen wir freiwerdende Zeiten gleich wieder mit Dingen, die wir schon lange einmal erledigen wollten. Der Freizeitstress überrollt unsere Gesellschaft. Dabei tut es so gut, einmal zur Ruhe zu kommen oder gar still zu werden. Schaffen wir das überhaupt noch? Manch eine(r) wird unfreiwillig dazu gezwungen, weil sie/er durch eine Krankheit zur Untätigkeit verdammt wird. Aber das ist ja nicht unbedingt wünschenswert.

Ich versuche immer wieder, freiwillig Zeiten der Stille zu finden und merke dabei, dass es mir am Anfang unendlich schwerfällt, wirklich in die Stille zu kommen, dass meine Gedanken zur Ruhe kommen und ich nicht mehr krampfhaft überlege, was noch alles zu erledigen ist. Wenn ich diese Phase dann überwunden habe, stelle ich fest, wie wohltuend Stille sein kann.

Die „Denkpausen" in diesem Buch sind nicht in einem Stück geschrieben worden, sondern über einen Zeitraum von zwölf Jahren als einzelne Artikel. Insofern sind sie auch nicht dafür gedacht, sie in einem Stück durchzulesen. Sie sollen vielmehr dazu anregen, einzeln gelesen und durchdacht zu werden. Es sollen keine Pausen vom Denken werden, sondern Pausen zum Denken. Wenn Sie Ihr Leben schon mit Gott und mit Jesus führen, dann sollen sie dazu beitragen, einzelne Themen noch einmal oder auch immer wieder in Ruhe zu bedenken und dabei vielleicht auch die eine oder andere Kurskorrektur vorzunehmen. Wenn Sie sich bisher noch keine großen Gedanken über den Glauben gemacht haben, aber das gerne einmal tun würden, sollen Sie hier unseren wunderbaren Herrn Jesus Christus und Gott Vater ganz neu kennenlernen und vielleicht Hunger auf mehr bekommen, Hunger auf sein Wort, die Bibel.

Wie auch immer Sie Ihre Denkpausen nutzen, wünsche ich Ihnen, dass Sie dabei zur Ruhe kommen und erkennen, wie hilfreich es ist, ein Leben mit Gott zu führen.

1. LEBEN NACH DER GEBURT

Unter dem Motto „Denkpause" möchte ich Sie in diesem Büchlein herausfordern, immer wieder einmal eine Pause einzulegen und über Ihr Leben und Ihr Verhältnis zu Gott nachzudenken.

Eine solche Pause und das damit verbundene Nachdenken hat nicht nur mein Leben, sondern auch das vieler anderer grundlegend geändert.

Kommt es nur mir so vor, oder sterben am Anfang eines Jahres besonders viele Menschen? In unserem näheren Umfeld gab es jedenfalls alleine in der letzten Woche gleich zwei Beerdigungen. Das sind bei mir solche Momente, in denen ich ins Nachdenken komme. Heißt es doch schon in der Bibel: "Lehre uns bedenken, dass wir sterben müssen, auf dass wir klug werden."(Psalm 90, Vers 12)

Glauben sie, dass es Gott gibt und daran, dass es ein Leben nach dem Tod gibt, in dem wir Gott begegnen und in dem wir Rechenschaft über unser jetziges Leben geben müssen?

Für diejenigen, die nicht an ein Leben nach dem Tod glauben, weil sie es sich einfach nicht vorstellen können, habe ich eine kleine Geschichte.

Im Bauch einer Mutter sitzen Drillinge, etwa im 8. Monat. Die drei unterhalten sich: Das eine Baby, Thomas wird es einmal heißen, fragt:

„Glaubt ihr eigentlich an ein Leben nach der Geburt?" Das andere Baby, Gottfried wird sein Name sein, antwortet: „Ja klar, das gibt es. Unser Leben hier ist nur dazu da, dass wir wachsen und uns auf das Leben nach der Geburt vorbereiten." Das dritte Baby, Ludwig wird es später genannt werden, sagt: „Blödsinn, das gibt es doch nicht. Wie soll das überhaupt aussehen, ein Leben nach der Geburt?" Gottfried: „Das weiß ich auch nicht so genau. Aber es wird sicher viel heller sein, als hier. Und vielleicht werden wir rumlaufen und mit dem Mund essen." Ludwig der Ungläubige: „So ein Schmarrn. Rumlaufen geht doch gar nicht. Und mit dem Mund essen, so eine komische Idee, wozu haben wir denn die Nabelschnur? Außerdem geht das gar nicht mit dem Leben nach der Geburt, weil die Nabelschnur ja jetzt schon fast zu kurz ist." Gottfried: „Doch, es geht bestimmt. Es wird eben alles nur ein bisschen anders." Thomas, der Zweifler: „Es ist noch nie jemand zurückgekommen von nach der Geburt. Mit der Geburt ist das Leben zu Ende. Und das Leben ist eine einzige Quälerei. Und dunkel!" Gottfried: „Auch wenn ich nicht so genau weiß, wie das Leben nach der Geburt aussieht, jedenfalls werden wir dann unsere Mutter sehen:" Ludwig: „Mutter??? Du glaubst an eine Mutter? Wo ist sie denn, bitte?" Gottfried: „Na hier, überall um uns herum. Wir sind und leben in ihr und durch sie. Ohne sie gäbe es uns gar nicht." Ludwig: „Ach hör doch auf! Von einer Mutter hab` ich noch nie etwas gemerkt, also gibt es sie auch nicht." Gottfried: „Manchmal, wenn wir ganz still sind, kannst du sie singen hören oder spüren, wie sie unsere Welt streichelt. Ich glaub auf jeden Fall, dass unser eigentliches Leben erst nach der Geburt beginnt."

Wie lustig klingt ein solches Gespräch für uns, die wir das Leben nach der Geburt kennen. Aber sind Ihnen solche Zweifel wie die von Thomas und Ludwig ganz fremd?

Wir neigen dazu, immer nur das zu glauben, was wir mit unserem Verstand begreifen, oder was wir sehen können. Aber Gott unterliegt diesen Grenzen nicht. Seine Gedanken und Wege sind wesentlich höher, als wir es je begreifen werden. Er will, dass wir an ihn glauben und ihm vertrauen. Und er will Gemeinschaft mit uns haben. Nicht nur am Sonntagvormittag in der Kirche, sondern die ganze Woche über im Gebet und im Lesen und Nachdenken über sein Wort, die Bibel.

2. ENTSCHEIDUNG

Ich kann mich noch gut an ein Spiel in der Schule erinnern, das es wohl bis heute gibt. Wenn wir Buben Interesse an einem Mädchen hatten, oder umgekehrt, dann wurden kleine Zettel geschrieben und auf den entsprechenden Platz geworfen. Darauf stand:

Willst du mit mir gehen?

Ja	Nein	Vielleicht
O	O	O

Bitte ankreuzen!

Zu meiner Schulzeit, die allerdings schon über fünfzig Jahre zurückliegt, gab es erst zwei Auswahlmöglichkeiten, entweder Ja oder Nein. Man musste eine klare Entscheidung treffen.

Im Laufe der Zeit wurde diese Entscheidung dann etwas hinausgeschoben. Wenn man kein klares Ja hatte, es sich aber mit dem oder der anderen nicht gleich verderben wollte, hat man den Zettel mit einem „Vielleicht" ergänzt. Irgendwann stand diese Möglichkeit dann gleich von vornherein drauf.

Gott hat den Menschen geschaffen, weil er ein Gegenüber haben wollte. Aber weil er den Menschen liebt, hat er ihm die Freiheit gegeben, sich für oder gegen ihn zu entscheiden. Er wollte keine Marionetten.

Ich kann mir gut vorstellen, wie er jedem einzelnen von uns zwar keinen Zettel zuwirft, aber uns leise diese Frage stellt: „Willst du mit mir gehen?"

Für ihn gibt es aber wirklich nur zwei Antworten, ein klares Ja oder ein klares Nein. Ein Vielleicht bedeutet in der Beziehung zu Gott Nein.

Gott sagt zu uns: „Sei ganz mein, oder lass es ganz sein!"

Das fällt vielen von uns sehr schwer, zu akzeptieren. Wir wollen es uns mit Gott ja eigentlich nicht verderben, aber im Moment sind wir noch viel zu jung dazu, oder viel zu beschäftigt oder es fallen uns noch andere Gründe ein, die es uns im Augenblick unmöglich machen, uns näher auf unseren Schöpfer einzulassen.

Da fällt uns dann vielleicht noch aus der Bibel das Gleichnis von den Arbeitern im Weinberg ein, die alle den gleichen Lohn bekommen haben, egal, ob sie in der Frühe gekommen sind, oder erst am Nachmittag.

Das Problem dabei ist nur, dass wir nicht wissen, wie nahe wir dem Feierabend unseres Lebens schon gekommen sind. Wenn wir zu lange warten, ist es plötzlich zu spät.

Auch ich hatte Bedenken, dass es mich einschränken würde und dass ich meine Freiheit verlieren würde, wenn ich mich ganz auf Gott einlasse.

Als meine Frau und ich dann endlich nach vielen Gesprächen mit Verwandten und guten Freunden unsere Vorurteile überwunden haben, konnten wir eine klare Entscheidung für ein Leben in der Gemeinschaft mit Gott und mit Jesus Christus fällen.

Das war die beste Entscheidung unseres Lebens. Auf einmal haben wir festgestellt, wie falsch alle unsere Vorurteile waren. Gott will unser Leben nicht einschränken, sondern er hat es viel reicher gemacht.

Das Leben im Glauben hat mich von dem Wahn befreit, dass ich selber alles in die Hand nehmen muss, dass ich alles alleine schaffen muss. Das macht mich sehr locker.

Heute lege ich am Morgen den Tag in Gottes Hand und bitte ihn, mich zu führen und mir zu helfen und ich erlebe es die ganze Zeit, wie er das tut. Täglich sehe ich in meinem Leben Beispiele für sein Eingreifen und seine Hilfe und das stärkt mein Vertrauen in ihn und macht mich dankbar und Dankbarkeit hebt unsere Stimmung unheimlich.

3. VOM GLAUBEN REDEN

Zwei Fragen werden mir immer wieder gestellt, die ich jeweils mit einem Traum beantworten will:

Die erste Frage ist, warum ich diese Texte schreibe und warum ich gerne von meinem Glauben rede.

Ich habe den Unterschied kennen gelernt zwischen einem Leben ohne Gott und einem Leben mit Gott. Erst im Alter von 41 Jahren fand ich zum lebendigen Glauben an Gott und an Jesus Christus.

Seitdem ist mein Leben wesentlich erfüllter und freudiger geworden und es ist mir ein Bedürfnis, darüber auch zu reden.

Ewiges Leben beginnt nicht erst nach unserem körperlichen Tod, sondern mit der Entscheidung für ein Leben mit Gott. Unser Leben hier in dieser Welt verläuft völlig unterschiedlich, je nachdem, ob wir es unter der Führung Gottes leben, oder selbst bestimmt. Aber wenn das Leben auf dieser Welt zu Ende ist, dann sagt uns die Bibel – und ich glaube fest daran -, dass wir über dieses Leben Rechenschaft ablegen müssen.

Da hatte ich vor längerer Zeit eines Nachts einen Traum:

Es war der jüngste Tag und ich stand mit sehr vielen Menschen auf einem riesigen Feld. Durch dieses Feld war ein Zaun gezogen. Die Leute auf der einen Seite des Zauns waren gerettet und die auf der anderen Seite waren verloren.

Ich stand auf der Seite der Geretteten, aber unter den Verlorenen auf der anderen Seite waren ganz viele Freunde und Bekannte von mir.

Sie warfen mir vor: „Warum hast du uns nicht mehr von Gott und Jesus Christus erzählt? Dann hätten wir unser Leben anders geführt und wären jetzt auch da drüben."

Dieser Traum hat mich sehr getroffen und ich habe mir vorgenommen, dass ich auf der anderen Seite des Zauns keinen erleben möchte, der mir diesen Vorwurf machen kann. Ich will von meinem Glauben und seinen Auswirkungen auf mein Leben berichten.

Jeder hat das Recht, mir zu sagen, dass ihn das nicht interessiert. Aber wenn wir uns eines Tages auf diesem Feld begegnen sollten, kann er mir nicht vorwerfen, es nicht gesagt zu haben.

Es geht mir nicht darum, andere Leute zu belehren oder ihnen etwas aufzuzwängen, aber ich mag die Menschen in meiner Umgebung und ich würde gerne mit einem jeden von ihnen die Ewigkeit verbringen.

Die zweite Frage, die immer wieder gestellt wird, ist, ob mein Glaube etwas mit der katholischen Kirche zu tun hat, oder ob das aus einer Sekte kommt.

Dazu kann ich nur sagen, dass ich nicht einer Sekte angehöre und dass unser Glaube sehr viel mit der katholischen Kirche zu tun hat, auch wenn wir dieser Kirche nicht angehören, sondern Mitglieder der evangelisch freikirchlichen Gemeinde sind.

Die Grundlage beider Kirchen und aller christlichen Konfessionen ist der Glaube an Gott und an die Erlösungstat Jesu Christi am Kreuz auf Golgatha. Wir glauben, dass Jesus Christus für uns gestorben ist, dass er auferstanden ist und dass er wiederkommt, um diese Welt zu richten. Die Grundlage für unseren Glauben ist das Wort Gottes, die Bibel.

Da hatte ein anderer einen Traum, nämlich John Wesley, der Gründer der Methodistenkirche in England:

Er träumte davon, dass er gestorben ist und in den Himmel kam. Dort fragte er, wo denn hier die Methodisten sind? Er bekam zur Antwort: Die gibt es hier nicht. Dann fragte er nach den Katholiken, den Protestanten usw. Es wurde ihm gesagt: „Die gibt es hier alle nicht. Hier gibt es nur Christen."

Ich glaube, dass es nicht wichtig ist, welcher Kirche wir angehören, sondern dass wir einer christlichen Kirche angehören und unseren Glauben nicht nur am Sonntagvormittag leben, sondern 24 Stunden an 7 Tagen der Woche.

4. GLAUBE ODER RELIGIOSITÄT

Lange Zeit war ich überzeugt davon, dass ich durch besondere Leistungen und gute Werke Gott beeindrucken kann. Ich dachte mir, dass er mich noch lieber hat, wenn ich besonders viele Leistungen für ihn erbringe und mir Lasten auferlege, die er gar nicht wollte. Ich sagte zu Gott: „Ich strenge mich so an für Dich!" Und er dachte sich: „Ja, mein Lieber, du bist sehr anstrengend."

Gottes Wort, die Bibel, sagt nämlich etwas ganz anderes. Im Brief des Paulus an die Epheser heißt es im 2. Kapitel: „Eure Rettung ist wirklich reine Gnade und ihr empfangt sie allein durch den Glauben. Ihr selbst habt nichts dazu getan, sie ist Gottes Geschenk. Ihr habt sie nicht durch irgendein Tun verdient; denn niemand soll sich mit irgendetwas rühmen können."

Als ich das begriffen hatte, änderte sich vieles bei mir. Ich habe angefangen, Gott dafür zu danken, dass er mir dieses Riesengeschenk der Erlösung gemacht hat und habe aufgehört, mir dieses Geschenk immer wieder durch Leistung neu verdienen zu wollen. Wir neigen ja auch im täglichen Leben dazu, wenn wir ein Geschenk bekommen, wieder etwas dafür zu geben. Das führt dann zu einer unendlichen Spirale und bringt uns in Stress, anstatt dass wir danke sagen und uns einfach freuen.

Jemand hat es einmal sehr gut ausgedrückt:

Wir haben das Evangelium der fünf Buchstaben und leben meistens ein Evangelium der drei Buchstaben. Fünf Buchstaben bedeuten, dass Jesus am Kreuz schon alles für uns getan hat und die drei Buchstaben bedeuten, dass wir durch eigenes tun uns gerne selbst erlösen wollen und das funktioniert nicht.

Gott hat durch sein Erlösungswerk die Religion auf den Kopf gestellt. Religion bedeutet das Streben des Menschen, durch eigenes Handeln Gott zu erreichen. Wir können uns aber noch so anstrengen, wir werden niemals so gut sein können, dass wir von uns aus Gott erreichen.

Weil Gott dies weiß, uns Menschen aber von Herzen liebt, hat er den Spieß umgedreht und ist in Jesus Christus zu uns gekommen. Wir sind also auf seine Gnade angewiesen und können es nicht selber schaffen.

Das widerstrebt dem modernen Menschen aber sehr stark, der alles gerne aus eigener Leistung erreichen will.

Alle Religionen dieser Welt sind auf Leistung aufgebaut, ob das der Islam mit seinen fünf Säulen der Leistung ist, der Buddhismus, der Hinduismus oder andere Religionen, die verlangen, dass die Gläubigen durch eigene Leistungen ihre Götter gnädig stimmen müssen. In allen Fällen müssen die Anhänger dieser Religionen ständig etwas tun, ohne sicher sein zu können, dass ihre Götter dann auch zufrieden mit ihnen sind und ihnen helfen.

Nur der christliche Glaube kennt einen liebenden, gnädigen Gott, der sich für uns aufgeopfert hat, damit wir leben können.

Es braucht allerdings auch eine ganze Portion Demut, um anzuerkennen, dass ich selber nichts zu meiner Erlösung beitragen kann außer dem Glauben an den Erlöser und dem Vertrauen auf ihn.

Für viele moderne Menschen sind die anderen Religionen wesentlich interessanter, weil sie dort selber etwas für ihre Erlösung tun können, wobei sie in Kauf nehmen müssen, dass sie nie wissen, ob sie auch genügend geleistet haben, um ihren Gott oder ihre Götter gnädig zu stimmen.

Ist es dann ein Widerspruch, wenn es im 2. Kapitel des Jakobusbriefes hieß, dass ein Glaube ohne Werke tot sei? Nein!

Gott kommt es immer auf unser Herz und auf unsere Motivation an. Wenn wir gute Werke tun, um damit unsere Erlösung zu erreichen, ist das vergeblich. Aber wenn wir aus Dankbarkeit über unsere Erlösung und aus Liebe zu Gott und unseren Mitmenschen gute Werke tun, so ist das ein Ausdruck unseres Glaubens, der Gott gefällt.

5. SCHULD BEKENNEN

Der kleine Thomas war so begeistert von der Wanduhr, die in ihrem Wohnzimmer hing. Der Gong, der alle halbe Stunde erklang, hatte es ihm am meisten angetan.

Eines Tages war er allein im Haus und wollte unbedingt untersuchen, wie das mit dem Gong funktioniert. Er nahm die Uhr von der Wand und untersuchte sie. Da fand er auf der Rückseite ein Türchen, das er aufmachte. Da gab es eine ganze Menge feine Rädchen und Stäbchen. Mit seinen kleinen Fingern versuchte Thomas, ob er selber den Gong auslösen konnte, doch plötzlich brach eines der kleinen Rädchen ab. Es surrte noch kurz und dann stand die Uhr still.

Da packte ihn die Angst. Was würde der Vater sagen? Schnell hängte er die Uhr wieder an die Wand und rannte aus dem Haus in den Wald. Er hatte da einen Lieblingsbaum, der eine ganz dichte Krone hatte. Dort würde ihn so schnell keiner finden.

Er malte sich aus, welche Strafe er bekommen würde und zitterte vor Angst und langsam auch vor Kälte, denn es wurde schon dunkel. Er meinte: „Gut, dann finden sie mich wenigstens nicht mehr." Aber es war fürchterlich unbequem auf dem Ast und er dachte daran, wie schön hell und warm es jetzt daheim in der Stube wäre.

Plötzlich hörte er Schritte und starrte gespannt in die Dunkelheit. Er sah eine große Gestalt unter dem Baum und eine tiefe Stimme sagte ruhig: „Komm runter Thomas, es ist alles in Ordnung." „Aber", stammelte Thomas, „ich hab` doch…"

Der Vater unterbrach ihn: „Es ist wirklich alles gut!"

Da ließ sich Thomas einfach fallen und die ausgebreiteten Arme des Vaters fingen ihn auf.

„Mein Bub, musst du Angst gehabt haben! Warum bist du weggelaufen? Warum versteckst du dich vor mir? Weißt du, Schuld verstecken, das ist das Schlimmste für dich und für mich. Glaub mir, ich halte immer zu dir, ganz gleich, was du tust. Auch wenn du mal was falsch gemacht hast, kommst du am besten sofort zu mir, denn ich kann alles wiedergutmachen und tu das so gerne. Willst du das lernen?"

Thomas nickte und ließ sich verwundert, aber dankbar von seinem Vater nach Hause tragen.

Diese Geschichte entstammt einem Buch, das ich gerne immer wieder lese. Es heißt: „Nicht wie bei Räubers" und ist im Immanuel Verlag erschienen.

Ich finde es einfach wunderbar, dass wir Vater zu Gott sagen dürfen und dass er ein Vater ist, der immer Zeit für uns hat.

Ich habe es in meinem Leben erfahren, wie belastend und vor allem wie dumm es ist, wenn ich versuche, meine Fehler und Sünden vor Gott zu verstecken. Er weiß doch sowieso alles, wie könnte ich da etwas vor ihm verheimlichen?

Ich muss mich auch nicht vor Gott rechtfertigen, denn er kennt meine Motive und meine Gedanken oft besser als ich, weil ich sie mir oft selber nicht eingestehe. Wenn ich sie aber Gott bekenne und ihn um Vergebung bitte, dann bin ich frei und muss mich nicht mit einem schlechten Gewissen herumplagen.

Lange Zeit habe ich versucht, meine Fehler und Sünden selber wieder gut zu machen. Ich habe mir Lasten auferlegt, die ich kaum tragen konnte, nur um Wiedergutmachung aus mir heraus zu betreiben. Das hatte natürlich auch mit Stolz zu tun, weil ich weder vor mir selber und schon gar nicht vor den anderen Leuten in meiner Umgebung zugeben wollte, dass ich Fehler mache.

Dann las ich eines Tages den ersten Johannesbrief in der Bibel. Dort steht im Kap. 1 Verse 8 und 9:

„Wenn wir behaupten, ohne Schuld zu sein, betrügen wir uns selbst und die Wahrheit lebt nicht in uns. Wenn wir aber unsere Verfehlungen eingestehen, können wir damit rechnen, dass Gott treu und gerecht ist: Er wird uns dann unsere Verfehlungen vergeben und uns von aller Schuld reinigen, die wir auf uns geladen haben."

Auch wenn mir Gott meine Verfehlungen vergeben hat, bin ich natürlich noch aufgerufen, mit den Leuten zu reden, die durch meine Verfehlungen betroffen waren und sie um Verzeihung zu bitten.

Ich habe aber noch niemanden erlebt, der mir nicht vergeben hätte, wenn ich zugegeben habe, dass ich mich ihm gegenüber falsch verhalten habe.

6. DANKBARKEIT

Zwei Leute sitzen vor einem Glas, das jeweils zur Hälfte ausgetrunken ist.

Der eine sagt: „Wunderbar, mein Glas ist noch halb voll." Der andere jammert: „Wie schlecht, mein Glas ist schon wieder halb leer."

Was glaubst du wohl, welcher von den beiden sich im Leben leichter tut?

So ist es auch mit unserer Dankbarkeit:

Wenn ich der Meinung bin, dass alles, was ich in meinem Leben bekomme, ein unverdientes Geschenk Gottes ist, dann kann ich mich aufrichtig daran freuen. Ich werde es mit Dankbarkeit annehmen.

Wenn ich aber der Überzeugung bin, dass mir das alles zusteht, weil ich so ein guter Mensch bin und es mir selber verdient habe, wird sich meine Freude sehr in Grenzen halten und ich sehe nicht ein, dass ich mich dafür auch noch bedanken soll.

Auch hier frage ich wieder, welcher von diesen beiden Menschen wird wohl der glücklichere und der zufriedenere sein. Wir nehmen uns selber so viel weg, wenn wir alles in unserem Leben als selbstverständlich hinnehmen, ohne dafür zu danken.

Ein altes Sprichwort sagt: „Danken schützt vor Wanken und Loben zieht nach oben."

Das ist etwas, was ich immer wieder in meinem eigenen Leben erfahre. Manchmal haben wir doch das Gefühl, dass wirklich alles schiefläuft und uns überhaupt nichts gelingen will. Da meint man, daran zu verzweifeln.

Wenn ich einmal solche Zeiten erlebe und denke, dass in meinem Leben wirklich alles falsch läuft, dann überlege ich mir, was alles in der letzten Zeit gut gelaufen ist.

Ein altes chinesisches Sprichwort sagt: „Ich ärgerte mich, dass ich keine Schuhe habe, da sah ich einen ohne Füße."

Hast du Dir schon jemals Gedanken darüber gemacht, dass es ein Geschenk ist, dass du sehen kannst, hören, riechen, schmecken und fühlen, dass du zwei Arme und zwei Beine hast, einen klaren Verstand und eine Sprache, mit der du dich verständigen kannst?

Aber selbst, wenn wegen irgendeines Ereignisses, eines Unfalls oder einer Krankheit das eine oder andere nicht

mehr möglich ist, muss ich deshalb verzweifeln?

Wir Menschen neigen dazu, immer lieber auf das wenige zu schauen, was wir nicht haben, anstatt auf das viele, das wir haben. Gerade dieses Denken raubt uns aber so viel Freude und hindert uns daran, ein zufriedenes Leben in Dankbarkeit zu führen

Wenn wir nur die materiellen Dinge betrachten, dann sind selbst die Armen in unserem Land noch wesentlich reicher, als der Großteil der Weltbevölkerung. Trotzdem habe ich das Gefühl, in den armen Ländern dieser Welt wesentlich mehr fröhliche Gesichter zu sehen, als bei uns. Am Materiellen kann es also nicht liegen.

Gott fordert uns in der Bibel (Epheser Kapitel 5, Vers 20) aber nicht nur allgemein zum Danken auf, sondern er sagt: „Dankt Gott, dem Vater, allezeit für alles im Namen unseres Herrn Jesus Christus."

Das geht jetzt aber doch zu weit, möchte man meinen, dass wir für alles danken sollen, auch für das Negative in unserem Leben?

Gott ist unser Vater im Himmel und er hat eine wesentlich weitere Sicht, als wir sie haben können. Er mutet uns manchmal Dinge zu, die wir im Moment nicht verstehen können, weil er weiß, dass uns das zu einem späteren Zeitpunkt ein Nutzen sein wird.

Schauen Sie einmal zurück in Ihrem Leben und überlegen Sie sich Ereignisse, die Sie als sehr negativ empfunden haben und überlegen Sie, ob sie sich nicht später als positiv erwiesen haben.

Ich denke an einen Mann, der sich aufgeregt hat, weil er sein Flugzeug verpasst hat. Zwei Stunden später stürzte dieses Flugzeug ab und alle Insassen waren tot. Dieser Mann hat erkannt, dass es gut ist, Gott allezeit für alles zu danken.

Wir haben gerade zu Weihnachten allen Grund zum Danken, wenn wir daran denken, dass Gott das Liebste, was er hatte, seinen Sohn, auf die Welt geschickt und geopfert hat, damit wir Menschen gerettet werden, wenn wir an Jesus Christus glauben und ihm nachfolgen. Für mich ist das das größte Geschenk, das ich überhaupt bekommen konnte, dass jemand sein Leben dafür opfert, damit ich gerettet werde und ewig leben kann.

7 . GNADE

Im Westen der USA lebte ein junger Mann. Er hatte eigentlich nie etwas Böses getan. Aber eines Tages spielte er Karten und wurde dabei sehr zornig. Er griff nach einem Revolver und erschoss seinen Mitspieler. Er wurde verhaftet und verurteilt. Sein Urteilsspruch lautete: Tod durch den Strang! Da er sich vorher nie etwas zu Schulden hatte kommen lassen, bemühten sich seine Verwandten und Freunde um ihn und reichten Gnadengesuche ein. Nach kurzer Zeit kamen sogar aus anderen Städten und Dörfern Briefe, die für diesen jungen Mann um Gnade baten.

Diese wurden alle dem Gouverneur überreicht. Er war Christ. Als er die vielen Briefe und Gnadengesuche sah, bekam er vor Mitleid Tränen in den Augen. Daher beschloss er, dem jungen Mann die Strafe zu erlassen. Er unterzeichnete das Begnadigungsschreiben und steckte sich die Urkunde in die Tasche. Als Pfarrer verkleidet machte er sich auf den Weg ins Gefängnis.

Als er die Todeszelle erreichte, sprang der junge Mann an das Gitter und schrie: „Verschwinden Sie, ich will Sie nicht sehen. Es waren schon sieben von Ihrer Sorte bei mir. Ich hatte zu Hause genug Religion!"

„Aber", unterbrach ihn der Gouverneur, „warten Sie nur einen Augenblick. Darf ich Ihnen noch etwas sagen?" „Hören Sie", schrie der Verurteilte voller Wut, „wenn Sie nicht sofort diesen Ort verlassen, rufe ich den Wärter und lasse Sie hinauswerfen." „Aber bitte", rief der Gouverneur, „ich habe eine gute Nachricht für Sie, und zwar die allerbeste. Wollen Sie nicht, dass ich Ihnen diese mitteile?"

„Nein, Sie haben gehört, was ich sagte", antwortete der Gefangene, „und wenn Sie nicht sofort gehen, rufe ich den Wärter."

„Also gut…" – das war das letzte Wort des Gouverneurs. Er drehte sich um und ging mit einem traurigen Herzen davon.

Einige Augenblicke später erschien der Gefängniswärter. „Nun, junger Mann, Sie hatten Besuch vom Gouverneur." „Was?!" schrie der Verurteilte, „war dieser Mann mit den Kleidern eines Pfarrers der Gouverneur?" „Ja, er war es" antwortete der Wärter. „Er hatte das Begnadigungsschreiben in seiner Tasche, aber Sie wollten ihn ja nicht einmal anhören." „Bitte bringen Sie mir Schreibzeug, Tinte und Papier." rief der junge Mann. Dann setzte er sich hin und schrieb: „Sehr geehrter Herr Gouverneur, ich muss mich sehr entschuldigen. Es tut mir leid, dass ich Sie so behandelt habe ….."

Der Gouverneur erhielt den Brief, drehte ihn um und schrieb auf die Rückseite: „Kein Interesse mehr für diesen Fall."

Es kam der Tag, an dem das Todesurteil vollstreckt werden sollte. Der junge Mann wurde gefragt, ob er noch etwas vor seinem Tod zu sagen habe. „Ja," sagte der Todgeweihte: „sagt allen jungen Menschen in Amerika, dass ich nicht sterben muss, weil ich ein Mörder bin. Der Gouverneur hat mich begnadigt. Ich hätte weiterleben können. Sagt ihnen, dass ich sterben muss, weil ich in meinem Unglauben die Gnade des Gouverneurs nicht annahm."

Lieber Leser, wenn Sie einmal verloren gehen, dann liegt es nur daran, dass Sie Gottes Angebot der Gnade nicht annehmen wollten. Wenn Sie Jesus Christus ablehnen, was kann Gott dann noch tun?

Damit lehnen Sie die Rettung Ihres Lebens und die ewige Seligkeit ab. Sie werden nicht verloren gehen, weil Sie durch die Verfehlungen Ihres bisherigen Lebens schuldig geworden sind. Gott kann und will alles vergeben. Sie werden nicht verdammt werden, weil Sie die Ehe gebrochen, weil Sie etwas gestohlen oder weil Sie andere belogen und betrogen haben. Gott kann und will auch den ‚Ehebrechern, den Dieben, den Lügnern und allen Sündern seine Gnade erweisen, wenn Sie wirklich umkehren. Aber es gibt eine Sünde, die Gott nicht vergeben kann, die Ablehnung seines Sohnes Jesus Christus.

Lieber Leser, Ihre ewige Seligkeit steht auf dem Spiel. Bekennen Sie im Gebet Jesus Christus Ihre Schuld und nehmen Sie ihn in Ihr Leben auf. Dann werden Sie gerettet!

8. SELBSTERLÖSUNG

In der letzten Denkpause habe ich beschrieben, dass wir nicht verloren gehen, weil wir gegen eines der zehn Gebote verstoßen haben. Gott kann und will uns unsere Sünden gerne vergeben.

Wenn wir verloren gehen, dann deshalb, weil wir Gottes Gnadenangebot abgelehnt haben, das er uns in Jesus Christus gemacht hat. Die einzige Sünde, die Gott nicht vergeben kann, ist die Ablehnung seines Sohnes Jesus Christus, bzw. des Opfers, das er für Sie gebracht hat.

Jesus hat sich für Sie aufgeopfert. Er hat sein Leben dafür gegeben, dass Sie leben können und zwar ewig! Nur dadurch, dass Sie dieses Opfer für sich persönlich annehmen, können Sie Vergebung erlangen und erlöst werden.

Sie können nicht durch eigene Taten zur Vergebung kommen. Sie können noch so oft in die Kirche gehen, viel Geld opfern oder gute Werke tun, soviel Sie wollen. Gott wird Ihnen Ihre Schuld nur vergeben, wenn Sie das Erlösungswerk von Jesus am Kreuz für sich persönlich annehmen.

Das ist ja gerade der Punkt, der vielen Menschen in unserer modernen Welt so viele Probleme bereitet, dass Sie selber nichts für ihre Erlösung tun können, sondern ein Geschenk annehmen müssen, dass Sie anerkennen müssen: „Es ist eine unverdiente Gnade."

Jesus sagt im Johannes-Evangelium (14, 6):"Ich bin der Weg und die Wahrheit und das Leben; niemand kommt zum Vater, denn durch mich."

Bekennen Sie Jesus Christus im Gebet Ihre Schuld und nehmen Sie ihn in ihr Leben auf. Dann werden Sie gerettet!

Dieses Gebet können Sie natürlich mit Ihren eigenen Worten formulieren. Wenn Ihnen das schwerfällt, dann beten Sie einfach die folgenden Zeilen:

„Vater im Himmel, mir ist klargeworden, dass ich mein Leben selbst bestimmt habe und von Dir getrennt bin. Bitte vergib mir meine Schuld. Danke, dass Du meine Sünden vergeben hast, weil Christus für mich gestorben ist und mein Erlöser geworden ist. Herr Jesus, bitte übernimm Du die Herrschaft in meinem Leben und verändere mich so, wie Du mich haben willst! Amen."

Wenn Sie dieses Gebet gesprochen und auch vom Herzen her so gemeint haben, dann vollzieht sich ein Herrschaftswechsel in Ihnen.

Sie bestimmen nicht mehr allein über alles in Ihrem Leben, sondern Sie lassen Jesus bestimmen. Das ist vielleicht am Anfang ein seltsamer und eventuell sogar ein beängstigender Gedanke. Aber wenn Sie sich realistisch überlegen, dass Jesus Christus – wie es am Ende des Matthäus-Evangeliums steht – sowieso alle Macht im Himmel und auf Erden gegeben ist, dann akzeptieren Sie nur etwas für Ihr Leben, was ohnehin schon so ist, nur dass sich so viele Menschen dagegen wehren.

Ich kann es nicht beschreiben, es lässt sich nur persönlich erfahren, wie befreiend dieser Herrschaftswechsel ist. Er befreit uns von dem Wahn, alles selber machen zu müssen. Ich kann am Morgen beruhigt den Tag in Gottes Hand legen und ihn bitten, mit mir durch diesen Tag zu gehen, mich zu führen und zu bewahren.

Das bedeutet nicht, dass ich die Garantie habe, dass alles nach meinen Vorstellungen abläuft. Aber ich weiß gerade in schwierigen Situationen, dass ich nicht alleine bin, sondern dass Jesus an meiner Seite steht und mir hilft. Das gibt ein Gefühl der Sicherheit und großer Freude und diese Freude wünsche ich Ihnen allen.

Zum Schluss bitte ich Sie noch, über etwas Anderes nachzudenken:

Die katholische Kirche steht im Moment im Mittelpunkt des Interesses und vielerlei Kritik. Dabei bitte ich sie, einiges zu bedenken.

Zum einen gibt es nicht die Kirche, sondern Kirche ist immer ein Zusammenschluss von Menschen und Menschen machen Fehler. Das liegt in der Natur der Sache. Wenn nun einzelne Fehler machen, dann kann man das nicht allen anderen anlasten, die ebenfalls zu dieser Kirche gehören. Hier sollte man fair urteilen.

Zum anderen lege ich Wert auf die Unterscheidung zwischen Kirche und Glauben. Beides hat nur in zweiter Linie miteinander zu tun. Wenn Menschen in der Kirche Fehler machen, dann ist nicht der Christliche Glaube an sich falsch, sondern er wird zum Teil falsch gelebt.

9 . VERGEBUNG

Eines der wichtigsten Themen, sowohl im christlichen, als auch im gesellschaftlichen Leben ist die Vergebung.

Wir beten zwar alle mehr oder weniger häufig das „Vater unser" und sprechen dabei: „und vergib uns unsere Schuld, wie auch wir vergeben unseren Schuldigern.", aber nehmen wir das wirklich ernst?

Wenn Sie sich nicht ganz sicher sind, ob es in Ihrem Leben Menschen gibt, denen Sie nicht vergeben haben, dann stellen Sie sich einmal folgende Fragen: Gibt es Menschen, denen Sie absolut nicht begegnen wollen, die Sie sogar davon abhalten, zu einer Veranstaltung zu gehen, weil sie wissen, dass sie auch dort sind?

Wechseln Sie die Straßenseite, wenn Sie bestimmte Menschen sehen, nur um ihnen nicht zu begegnen?

Haben Sie mit einigen Leuten schon lange nicht mehr geredet, obwohl ausreichend Gelegenheit dazu gewesen wäre?

Es gibt noch viel mehr solche Kennzeichen, aber wenn Sie nur eine der oben genannten Fragen mit ja beantwortet haben, gibt es bei Ihnen Handlungsbedarf. Sie müssen diesen Leuten vergeben!

Aus zwei Gründen ist die Vergebung so wichtig:

Zum einen ist Gottes Vergebung für unsere Sünden daran geknüpft, dass wir selber anderen vergeben. Zum anderen schaden wir uns selber, wenn wir den Menschen, die uns Unrecht getan oder uns verletzt haben, nicht vergeben. Es ist, als wenn wir unser Herz durch dieses Nichtvergeben einschnüren. Wir sind nicht frei.

Es gibt eine Stelle in der Bibel, wo Gott so richtig zornig wird. Die Geschichte steht im Matthäus-Evangelium, Kapitel 18. Es ist da die Rede von einem Mann, der seinem König unendlich viel Geld schuldete. Er versprach zwar, alles zurückzuzahlen, aber es war klar, dass er das nie schaffen würde. Darauf erließ ihm der König die ganze Summe.

Der Mann ging hinaus und traf einen anderen, der ihm eine geringe Summe schuldete. Er forderte den Mann auf, seine Schuld sofort zu bezahlen und als der dazu nicht in der Lage war, ließ er ihn ins Gefängnis werfen. Als der König das erfuhr, wurde er sehr zornig. Jesus sagt an dieser Stelle: „Dann übergab er ihn voller Zorn den Folterknechten zur Bestrafung, bis er die ganze Schuld zurückgezahlt haben würde. So wird Euch mein Vater im Himmel auch behandeln, wenn ihr eurem Bruder oder eurer Schwester nicht von Herzen vergebt."

Gott knüpft also seine Vergebung für unsere Sünden an die Bedingung, dass wir auch den Menschen in unserem Umfeld vergeben.

Aber nicht nur unser Verhältnis zu Gott wird durch nicht vergeben gestört, sondern es geht uns selber nicht gut dabei. Ein anderer Ausdruck für nicht vergeben ist auch, jemandem etwas nachtragen. Das hat mir ein Freund einmal praktisch vor Augen geführt. Er stapelte vier Stühle aufeinander und gab sie mir in die Hand. Er ging fröhlich pfeifend vor mir her und ich ging mühsam mit meiner Last hinterher. Hier wurde der Begriff „nachtragen" deutlich vorgestellt.

Oft wissen die Leute, denen wir etwas nachtragen, gar nichts davon. Sie leben munter und fröhlich vor sich hin, während es uns schlecht geht, weil wir unsere Anklagen als Last mit uns herumschleppen.

Dieser Freund, der mir das Bild mit der Last zeigte, nannte die Vergebung einen „positiven Egoismus". Hier können wir etwas Gutes für uns selbst tun, denn Vergebung nutzt in erster Linie uns selbst.

Egal, ob wir Vergebung von Gott für unsere Sünden erhalten, oder ob wir unseren Groll aufgeben und einem Menschen aus unserer Umgebung vergeben, in jedem Fall hat diese Vergebung eine unheimlich befreiende Wirkung. Wir werden eine Last los.

Vergebung kann man sich nie verdienen, sie ist immer ein Geschenk. Darum ist es auch nicht erforderlich, dass mich der andere um Vergebung bittet, oder in irgendeiner Weise versucht, seinen Fehler wieder gut zu machen.

Es ist alleine meine Entscheidung, ob ich ihm das, was er mir angetan hat, weiter nachtragen will, oder ob ich ihm vergebe und damit selber frei werde. Der andere muss es noch nicht einmal sofort erfahren. Er wird es aber bald merken, weil sich automatisch mein Verhalten zu ihm ändert.

10. BIBEL LESEN

Gott sucht keine Sonntagschristen, die einmal in der Woche in die Kirche gehen und danach für den Rest der Woche so leben, als ob es ihn nicht gäbe. Gott möchte vielmehr, dass wir eine Beziehung zu ihm aufbauen, dass wir in einer ständigen Gemeinschaft mit ihm leben.

Eine Beziehung lebt von Kommunikation. Wenn wir nicht miteinander reden, geht auch die beste Beziehung verloren. Aber wie können wir diese Kommunikation mit Gott führen?

Von unserer Seite her ist das relativ einfach. Ich bete zu Gott. Ich danke ihm für alles, was er mir gelingen lässt oder was er mir schenkt und ich bitte ihn um Hilfe für das, was ich erledigen muss, oder um Weisheit für Entscheidungen, die ich treffen muss.

Aber wie redet Gott mit uns?

Das tut er häufiger, als wir uns vorstellen. Wir hören nur allzu oft nicht hin. Gott spricht mit leiser Stimme in unsere Gedanken hinein. Wir nennen das unser Gewissen. Er kann auch durch andere Menschen zu uns sprechen. Eine der wichtigsten Formen, wie Gott mit uns reden will, ist aber sein Wort, die Bibel.

Wenn wir nur einmal in der Woche am Sonntag in der Kirche ein paar Sätze aus der Bibel hören, dann kann uns das zwar aufrütteln, wenn wir richtig hinhören. Es ist ganz wichtig für uns, dass wir uns so oft, wie möglich mit Gottes Wort, der Bibel beschäftigen, am besten täglich.

Jetzt höre ich die meisten Leute, die das lesen, sagen: „Wann soll ich denn die Zeit dafür aufbringen?" Zeit habe ich immer nur für die Dinge, für die ich mir Zeit nehme und das tue ich nur für etwas, was mir wichtig ist.

Deshalb ist es mir ein Anliegen, Ihnen das Wort Gottes wichtig zu machen.

Für mich ist die Bibel das Handbuch für mein Leben, aus dem ich immer wieder neue Anleitungen erhalte. Es ist wirklich erstaunlich, wie aktuell dieses alte Buch ist und wie viele Antworten es auch für die Probleme unserer Zeit hat. Ich lese jeden Tag in der Bibel und bin immer wieder fasziniert, wie Gott es benutzt, um zu mir zu sprechen. Da habe ich einen bestimmten Satz schon mindestens zwanzigmal gelesen und er hat mich in keiner Weise besonders angesprochen. Aber an diesem Tag mit der besonderen Situation, in der ich gerade stehe, spricht dieser Satz ganze Bände und gibt mit Weisung zur Lösung eines Problems. Solche Erlebnisse stärken mich wieder in meinem Glauben an Gott und an meinen Erlöser Jesus Christus und motivieren mich, dran zu bleiben am Bibellesen.

So wie unser Körper Nahrung braucht, um gestärkt zu werden und überleben zu können, so braucht auch unser Glaube Nahrung, um wachsen zu können. Einer der wichtigsten Nährstoffe für unseren Glauben ist das Wort Gottes. Deshalb hat er es uns gegeben, damit wir es gebrauchen und darin lesen, um so gestärkt und aufgebaut zu werden.

Beim Lesen der Bibel sollten wir nicht vorgehen, als wenn wir einen Roman oder ein Fachbuch lesen.

Ich bete jedes Mal, wenn ich die Bibel aufschlage, dass mich der Herr durch seinen Heiligen Geist beim Lesen leitet und mir zeigt, was dieser Text für mich persönlich bedeutet.

Die Bibel ist ja eben kein unpersönliches Sachbuch, das wir vom Vorwort bis zur letzten Seite durchlesen und auch nicht wie ein Krimi, bei dem wir erst einmal das letzte Kapitel lesen, sondern sie ist Gottes ganz persönlicher Liebesbrief an jeden von uns.

Wenn Sie jetzt anfangen, in der Bibel zu lesen, dann lesen Sie am Anfang erst einmal eines der Evangelien, vielleicht Johannes, oder Lukas.

Eine große Hilfe ist es auch, mit anderen gemeinsam in der Bibel zu lesen und sich darüber auszutauschen. Es ist wirklich erstaunlich, wie der Text auf jeden Leser anders wirkt und welche unterschiedlichen Punkte die Leute besonders ansprechen.

Eine gute Möglichkeit ist ein offener Bibelkreis, wo die Teilnehmer gemeinsam einen Abschnitt lesen und dann darüber reden, was ihnen dieser Text für sie persönlich sagt.

11. QUELLE DES LEBENS

Kennen Sie den Satz: „Alles, was gut ist, ist entweder ungesund, macht dick, oder ist Sünde." So denkt die Welt. Sie will uns weismachen, dass wir, wenn wir Christus nachfolgen, ewig beengt, beschränkt und unfrei sind. Wie falsch doch diese Denkweise von Menschen ist, die es einfach nicht besser erkennen können.

Solche Aussagen zeigen deutlich, dass diejenigen, die das behaupten, das Erlösungswerk von Jesus Christus nicht erfahren haben und es teilweise auch gar nicht erfahren wollen. Wie schade, denn die Leute wissen gar nicht, was sie versäumen.

Bei Gott ist die Fülle! Er ist die Quelle, aus der wir unbegrenzt schöpfen können. Eine Quelle ist für mich immer wieder etwas Wunderbares. Sie sprudelt und sprudelt immer weiter. Wir sehen nicht, wo das ganze Wasser herkommt. Es ist einfach da und fließt ohne Unterlass. Genauso ist es bei Gott und unserem Herrn Jesus. Von ihm fließt Tag und Nacht lebendiges Wasser, das nie aufhört. Aber bei ihm ist es genauso, wie bei einer natürlichen Quelle. Ich muss hingehen, wenn ich schöpfen will.

Eine Quelle wird nicht plötzlich ihren Lauf verändern, damit ich in meiner Stube sitzen bleiben kann um zu schöpfen.

So ist es auch bei Jesus. Er hat alles getan für mich, er hat sein Leben dafür gegeben, dass ich leben kann und das auf ewig. Trotzdem ist er unendlich einfühlsam und wird mir seine Gaben niemals aufdrängen. Er hält sie mir hin und wartet darauf, dass ich zu ihm komme und sie abhole.

Das Erlösungswerk Jesu Christi ist ein Angebot, keine Angelegenheit, die mir aufgezwungen wird. Ich habe immer die Freiheit, das Angebot anzunehmen, oder abzulehnen. Aber ich muss mir darüber im Klaren sein, dass ich auch die Konsequenzen meiner Entscheidung zu tragen habe.

Paulus schreibt an die Korinther (1.Kor.6,12):

„Alles ist mir erlaubt! Wer so redet, dem antworte ich: Aber nicht alles, was mir erlaubt ist, ist auch gut für mich und für andere.- Alles ist mir erlaubt! Aber es darf nicht dahin kommen, dass ich mich von irgendetwas beherrschen lasse."

Es ist mir erlaubt, Jesu Liebe abzulehnen, aber die Konsequenz davon ist ewige Gottesferne und das ist die Hölle.

Es ist mir auch erlaubt, weiter im Gesetz zu leben, obwohl Jesus uns durch seinen Kreuzestod von der Gesetzlichkeit befreit hat und zu einem Leben unter der Gnade führen will.

Es liegt in uns Menschen drin, dass wir uns so ungern etwas schenken lassen wollen. Wir wollen es uns lieber verdienen. Das hat natürlich viel mit Stolz zu tun. Wenn ich mir das ewige Leben durch meine Leistungen verdienen könnte, dann wäre es mein Verdienst, auf den ich stolz sein könnte. Aber Jesus macht uns in seinem Wort immer wieder klar, dass wir uns sein Reich nicht verdienen können, sondern nur schenken lassen können, aus Gnade!

Im Gegenteil, Gesetzlichkeit verstopft den Kanal des segnenden Gottes. Denn Gesetzlichkeit bezieht sich immer auf unsere Innensicht, wie wir meinen, Gott gefallen zu können.

Jesus will aber, dass wir von uns weg schauen auf ihn, auf seine Gnade, seine Liebe, seine Segnungen. Gesetzlichkeit verstellt uns diese Sicht. Jesus nennt das Pharisäertum und mit den Pharisäern geht er besonders ins Gericht. Wenn Ihr wollt, könnt Ihr das einmal in Matthäus Kap.23 nachlesen!

12. UMGANG MIT SORGEN

Erwarten Sie immer das Schlimmste? Bekommen Sie leicht Panik, wenn ein Brief vom Finanzamt kommt oder in Ihrer Firma Gerüchte über einen drohenden Stellenabbau umgehen? Machen Sie sich Sorgen, auch wenn es eigentlich gar keinen Grund dafür gibt, nur aus der Gewissheit heraus, dass irgendetwas Schlimmes passieren könnte, worüber man sich dann wirklich Sorgen machen muss?

Das Ergebnis von Sorgen ist das Verschwinden von Glücksgefühl und auch eine Verminderung meiner Leistungsfähigkeit. Sorge ist nichts anderes, als eine zerstörerische Zeitverschwendung.

In seiner Bergpredigt (Matthäus 6, 25-34) zeigt Jesus 4 Gründe auf, warum Sorge nutzlos ist und verrät 2 Geheimnisse, wie wir sie überwinden:

Sorge ist unlogisch. Sich um etwas sorgen, was man nicht ändern kann, ist nutzlos. Sorgen um etwas, was man ändern kann ist dumm. Mit dem ersten erreiche ich überhaupt nichts und das zweite sollte ich aktiv angehen, anstatt mich in Sorgen zu verzehren. Sorge verstärkt die Probleme nur und macht die Lasten größer und schwerer. „Macht euch keine Sorgen um euren Lebensunterhalt, … Leben bedeutet mehr als Essen und Trinken, und der Mensch ist wichtiger als seine Kleidung. (Matthäus 6, 25)

Sorge ist unnatürlich. Du bist nicht als Sorgenmacher auf die Welt gekommen. Das ist eine angelernte Reaktion auf das Leben. Man muss es sogar üben, damit man es gut kann. Zum Glück kann man es aber auch wieder verlernen. Das einzige Wesen in Gottes Natur, das sich Sorgen macht, ist der Mensch. Wir glauben einfach nicht, dass Gott uns versorgen will. „Seht euch die Vögel an! Sie säen nicht, sie ernten nichts und sammeln auch keine Vorräte. Euer Vater im Himmel versorgt sie. Meint ihr nicht, dass ihr ihm viel wichtiger seid?" (Matthäus 6, 26)

Sorge hilft nicht weiter. Sie funktioniert nicht. Sie kann die Vergangenheit nicht ändern und die Zukunft nicht kontrollieren. Sie macht uns nur heute unglücklich. Wenn ich mir über ein Problem Sorgen mache, löse ich es niemals. „Wer von euch kann dadurch, dass er sich Sorgen macht, sein Leben auch nur um eine einzige Stunde verlängern?" (Matthäus 6, 27)

Sorge ist unnötig. Gott hat versprochen, dass er für uns sorgt, wenn wir ihm die Einzelheiten unseres Lebens anvertrauen und ihn Herr in unserem Leben sein lassen. Wenn Sie als Kind Ihren Vater um Geld für eine Pausensemmel gebeten haben, haben Sie sich keine Sorgen darüber gemacht, woher das Geld wohl kommt. Das war sein Problem. Lassen Sie Gott wirklich Gott sein in Ihrem Leben! „Euer Vater im Himmel weiß doch genau, dass ihr das alles braucht." (Matthäus 6, 32)

Wie können wir uns von dieser Angewohnheit befreien?

Vertrauen Sie zuerst Gott jeden Bereich Ihres Lebens an! Ein Teil unseres Sorgenproblems ist die Erkenntnis, dass wir viele Bereiche unseres Lebens nicht unter Kontrolle haben. Wenn wir uns Sorgen machen, dann wirkt das so, als wenn wir etwas tun würden, aber in Wirklichkeit ist es nur verschwendete gefühlsmäßige und geistige Energie. Wenn wir endlich bereit sind, Gott zu vertrauen, befreit uns das von dieser Last. „Es soll euch zuerst um Gottes Reich und Gottes Gerechtigkeit gehen, dann wird euch das übrige alles dazugegeben." (Matthäus 6, 33)

Zweitens: Leben Sie einen Tag nach dem anderen. So oft quälen wir uns mit Gedanken über den nächsten Tag oder die nächste Woche herum, während die Herausforderungen des heutigen Tages uns noch bevorstehen. Konzentrieren Sie sich auf das „Was?" und nicht das „Was wenn?". „Deshalb sorgt euch nicht um morgen. Der nächste Tag wird für sich selbst sorgen. Es genügt, dass jeder Tag seine eigene Last mit sich bringt." (Matthäus 6, 34)

13. DER MENSCH DENKT UND GOTT LENKT

Die Häufung von Naturkatastrophen hat uns in letzter Zeit in zweierlei Hinsicht zum Nachdenken gebracht, sozusagen gezwungen, eine Denkpause einzulegen.

Zum einen hat es den weit verbreiteten Glauben erschüttert, dass der Mensch alles im Griff hat, zum anderen hat es uns wieder gezeigt, dass unser Leben begrenzt ist, dass es von einem Augenblick auf den anderen zu Ende sein kann.

Die Welt neigt heute dazu, der Wissenschaft und den Fähigkeiten des Menschen mehr zu vertrauen, als einem imaginären Gott, den man nicht sehen kann.

Aber wie sagt man so schön? „Der Mensch denkt und Gott lenkt!" Das haben wir vor Jahren in Japan erlebt. Ein Erdbeben von nicht für möglich gehaltener Stärke, ein verheerender Tsunami und dann auch noch eine Atomkatastrophe von ungeahntem Ausmaß haben uns wieder gezeigt, wie begrenzt unsere menschlichen Möglichkeiten sind, wenn der allmächtige Gott uns seine Möglichkeiten aufzeigt, um uns zum Nachdenken zu bringen, damit wir uns ihm zuwenden und an ihn glauben. Ich wünschte mir so sehr, dass viele von Ihnen umkehren von ihrem Irrglauben an die unbegrenzten Möglichkeiten des Menschen und sich Jesus zuwenden, dem nach Matthäus 28, Vers 18 „alle Macht im Himmel und auf Erden gegeben ist". Das Wunderbare dabei ist, dass dieser allmächtige Gott kein fürchterlicher Despot ist, der uns unterdrücken will. Nein, er will unser Bestes, weil er uns liebt!

Das zweite, was uns erschrecken kann, ist die Erkenntnis, dass unser Leben sehr schnell zu Ende sein kann. Wir planen so gerne unser Leben für die nächsten zwanzig bis fünfzig Jahre. Erst will ich noch die wilden Jahre genießen. Mit dreißig Jahren werde ich dann heiraten und danach Kinder bekommen. Mit vierzig plane ich den Höhepunkt meiner

Karriere und mit sechzig denke ich daran, mich zur Ruhe zu setzen, damit ich die letzten dreißig Jahre meines Lebens noch genießen kann.

Wie schnell solche Planungen und Träume zu Ende sein können, haben wir in großer Zahl im letzten Jahr mit der Corona Pandemie verfolgen können. Wir müssen zwar nicht unbedingt von dem Virus dahingerafft werden, aber wir können jederzeit einen Herzschlag bekommen, oder überfahren werden.

Heißt das, dass wir überhaupt nicht mehr planen sollen, einfach in den Tag hineinleben? Nein, das wäre ganz sicher nicht der richtige Weg. Ich soll mein Leben ernst nehmen und ich soll mir vor allem klar darüber sein, dass ich alleine die Verantwortung dafür habe, wie ich mit diesem Leben umgehe. Es ist eben nicht so, wie bei den Computerspielen, dass ich beliebig viele Leben habe. Wenn ich das eine versaut habe, dann versuche ich eben im nächsten, es besser zu machen.

Die Bibel sagt uns klar in Hebräer 9 Vers 27: es ist „dem Menschen bestimmt, einmal zu sterben, danach aber das Gericht".

Seitdem mir das klargeworden ist, versuche ich, jeden Tag so zu leben, als wäre es mein letzter. Das bedeutet nicht, dass ich in vollen Zügen alles unternehme, was mir gerade Freude macht, sondern dass ich versuche, mein Leben so einzurichten, dass ich es jederzeit vor Gott verantworten kann, denn ich könnte ja in der nächsten Stunde vor seinem Richterstuhl stehen und für mein Leben zur Verantwortung gezogen werden.

Im Psalm 90, Vers 12 heißt es: „Lehre uns bedenken, dass wir sterben müssen, auf dass wir klug werden" Das wäre doch ein wunderbares Ergebnis aus einer schrecklichen Katastrophe, wenn es die Menschen dazu anregen würde, über ihr Leben und ihr Verhältnis zu Gott nachzudenken und sich ihm im Glauben zuzuwenden.

14. DIE MACHT DER GEDANKEN

Fast jeder von uns kennt etwas in seinem Verhalten, das er gerne verändern würde, sei es bei der Arbeit, in Beziehungen mit unseren Mitmenschen, bei den täglichen Aufgaben und Angewohnheiten. Wenn wir etwas in unserem Leben verändern wollen, müssen wir aber zuerst unsere Gedanken verändern. Hinter allem, was wir tun, steckt ein Gedanke. Jedes Verhalten hat seine Ursache in unseren Überzeugungen und jede Handlung wird durch eine Einstellung hervorgerufen.

Wenn das ein moderner Guru sagt, könnte es als eine neue und überraschende Erkenntnis empfunden werden. Aber Gott hat diese Wahrheit schon lange in seinem Wort offenbart, bevor sie von Psychologen erkannt wurde. In Sprüche 4, Vers 23 steht: „Achte auf deine Gedanken und Gefühle, denn sie beeinflussen dein ganzes Leben."

Ich verstehe solche Aussagen immer am besten, wenn ich ein Bild dazu habe. Stell dir vor, du fährst in einem Motorboot auf einem großen See und der Autopilot ist auf Richtung Osten eingestellt. Wenn dir jetzt einfällt, dass du lieber Richtung Westen fahren möchtest, hast du zwei Möglichkeiten, den Kurs zu ändern.

Eine Möglichkeit ist, dass du ins Ruder greifst und mit Muskelkraft das Boot in die entgegengesetzte Richtung des Autopiloten lenkst. Durch reine Willenskraft könntest du den Autopiloten bezwingen, aber du würdest einen ständigen Widerstand spüren. Die Arme würden durch den andauernden Gegendruck langsam müde werden und du müsstest das Steuer loslassen. Das Boot würde sich sofort wieder in die entgegengesetzte Richtung drehen, so wie es ursprünglich programmiert war.

Das hört sich anstrengend an, oder? Und die Veränderung wäre nur kurzfristig. Sobald du mit dem Druck aufhörst, wird alles wieder so, wie es vorher war.

Genau das passiert, wenn man versucht, sein Leben durch reine Willenskraft zu verändern. Du sagst dir: „Ich werde mich zwingen, weniger zu essen ... mit dem Rauchen aufzuhören ... besser organisiert und pünktlicher zu sein ... nicht so ärgerlich zu reagieren, wenn ich unter Druck stehe ... usw.

Willenskraft kann kurzfristige Veränderungen bewirken, gleichzeitig aber auch konstanten inneren Stress, weil man nicht an die Ursachen dessen kommt, was man gerne verändern möchte. Die gewünschte Veränderung ist nicht natürlich. Sie braucht immer große Anstrengung und Willenskraft. Das hält man nicht lange durch. Über kurz oder lang gibst du auf, du brichst die Diät ab, greifst nach einer Zigarette, kommst wieder zu spät zu einer wichtigen Verabredung oder reagierst mit unangebrachtem Zorn.

Es gibt einen besseren Weg: Verändere deinen „Autopiloten", verändere deine Denkweise. Oder sei für eine Veränderung bereit, wie es die Bibel ausdrückt. In Römer 12, Vers 2 heißt es: „Lasst euch vielmehr von Gott umwandeln, damit euer ganzes Denken erneuert wird."

Veränderung beginnt immer im Kopf. Unser Denken bestimmt unser Fühlen und unsere Gefühle beeinflussen unser Handeln. Deshalb fordert uns Paulus in Epheser 4, Vers 23 dazu auf: „Lasst euch in eurem Denken erneuern durch den Geist."

Wenn wir Jesus nachfolgen und ihm ähnlicher werden wollen, müssen wir uns seine Denkweise aneignen. In der Bibel lesen wir, dass man sich die Denkweise Jesu zu Eigen machen kann. Diese geistige Veränderung wird „Buße" genannt, ein Wort, das wir gar nicht so gerne hören. Aber im Griechischen bedeutet das wörtlich, „die Gedanken und Richtung verändern".

Buße heißt, anders denken. Wir müssen unsere Vorstellung von Gott verändern, unsere Einstellung zu uns selbst, zur Sünde, zu anderen Menschen, zum Leben, zur Zukunft, zu allem. Und wir müssen die Perspektive und die Aussicht zum Leben von Jesus übernehmen. Wie kann das gehen?

Indem wir Jesus nachfolgen, uns Ihm öffnen, uns mit seinem Wort beschäftigen, auf Ihn hören und Ihm die Herrschaft in unserem Leben übertragen. (Vgl. Kap. 8 „Selbsterlösung")

15. WAS IST GLAUBE

Was ist Glaube? Ob wir das wahrhaben wollen, oder nicht, jeder Mensch glaubt an etwas. Selbst der Atheist, der von sich behauptet, an nichts zu glauben, glaubt eben daran, dass es keinen Gott gibt.

Was ist dann der christliche Glaube? Heißt das, dass wir Christen für wahr halten, dass es einen Gott gibt und dass Jesus Christus für unsere Sünden am Kreuz gestorben ist? Das wäre mir zu wenig.

Im Wort Gottes gibt es eine Beschreibung für Glauben. Im Brief an die Hebräer heißt es im Kapitel 11, Vers 1: Was ist denn der Glaube? Er ist ein Rechnen mit der Erfüllung dessen, worauf man hofft, ein Überzeugt sein von der Wirklichkeit unsichtbarer Dinge." Diese moderne Übersetzung stammt aus der „Neuen Genfer Übersetzung, einer Bibelübersetzung in modernem Deutsch, die von allen Kirchen akzeptiert wird.

Da ist die Rede davon, dass Glaube Vertrauen heißt. Das ist ein Riesenunterschied, ob ich etwas nur für wahr halte, oder ob ich darauf vertraue. Andererseits ist Vertrauen etwas, was nicht einfach da ist, sondern was wachsen muss. Wir haben sicher alle schon die Erfahrung gemacht, dass es eine lange Zeit braucht, um Vertrauen aufzubauen, aber dass man in einer Sekunde alles Vertrauen verspielen kann, das andere einem entgegengebracht haben.

Ich habe mich einmal vor 32 Jahren dazu entschlossen, zu glauben, dass Gott es gut mit mir meint und dass es mir bessergeht, wenn ich nicht selber immer die Richtung in meinem Leben bestimme, sondern Jesus die Herrschaft übertrage und mich danach richte, was er für Vorstellungen über mein Leben hat.

Das habe ich zuerst einmal gehofft und damit angefangen, bei allem, was auf mich zugekommen ist, Jesus im Gebet zu fragen, welche Entscheidungen ich treffen soll. Das war am Anfang etwas mühselig, aber im Laufe der Zeit ist es für mich selbstverständlich geworden, alles mit meinem Herrn zu besprechen, was mich bewegt, oder bedrückt.

Dabei fiel mir eines Tages auf, dass dieses Vorgehen genau meinem Taufspruch entspricht. Dieser Spruch steht in Psalm 86, Vers 11: „Herr, zeige mir den richtigen Weg, damit ich in Treue zu dir mein Leben führe! Lass es meine einzige Sorge sein, dich zu ehren und dir zu gehorchen!"

In den 32 Jahren mit Jesus ist aus der Hoffnung ein tiefes Vertrauen darauf geworden, dass Gott keine Fehler macht und dass er es immer gut mit mir meint.

Da hat es viele Situationen gegeben, in denen ich Gottes Handeln nicht sofort verstanden habe. Da gab es Ereignisse, die momentan sehr schmerzhaft waren. Im Rückblick waren das aber markante Punkte in meinem Leben, die mich zu einem Umdenken gezwungen und auf einen Weg gebracht haben, der wesentlich besser war, als der vorherige.

Ich bin so dankbar, dass Gott uns seine Kinder nennt und dass er uns erlaubt, ihn Vater zu nennen. Dieses Bild ist mir ganz wichtig und hilft mir immer wieder, Dinge zu verstehen. Wenn ich mein Verhältnis zu meinen Söhnen anschaue, dann ist eines klar, dass ich niemals etwas tun würde, was ihnen schaden könnte. Im Gegenteil, auch wenn sie lange erwachsen sind, versuche ich mit all meinen Möglichkeiten, ihnen zu helfen. Genauso denkt Gott über uns. So wie wir Eltern eine größere Weitsicht haben, als unsere Kinder und ihnen ab und zu etwas verwehren müssen, was sie gerne hätten, weil wir wissen, dass die Folgen negativ sein werden, so wird uns Gott auch nicht jeden Wunsch erfüllen, den wir haben. Er hat die absolute Weitsicht und weiß, was gut für uns ist und was nicht.

Es tut so gut, auf Gott zu vertrauen und es wirkt sehr befreiend. So wie ein Kind absolut darauf vertraut, dass der Vater alles regeln kann, so vertraue ich darauf, dass mein Herr alles für mich tun kann und im Gegensatz zu den leiblichen Vätern sind ihm keinerlei Grenzen gesetzt.

Dieses Vertrauen kann man nicht herbeizaubern, sondern es muss wachsen. Dazu müssen Sie aber den ersten Schritt machen und im Gebet zu Jesus gehen und ihm sagen, dass Sie nicht mehr selber in Ihrem Leben herrschen wollen, sondern ihm die Herrschaft übertragen. Er wird das Vertrauen belohnen!

16 GLAUBEN TRAINIEREN

In der letzten Denkpause habe ich vom Glauben geschrieben und bei diesem Thema möchte ich gerne noch ein bisschen bleiben.

Der Glaube ist nichts, was von alleine kommt. Er muss laufend trainiert werden. Der Vergleich zwischen dem Glauben und einem Muskel liegt sehr nahe. Beides erschlafft, wenn wir uns nicht darum kümmern und sie vernachlässigen. Wenn wir jedoch daran arbeiten und fleißig trainieren, wird der Glaube genauso gestärkt und aufgebaut wie unsere Muskeln bei sportlichem Training.

Wie kann ich aber meinen Glauben trainieren? Eine Antwort darauf gibt uns der Römerbrief im Kap. 10, Vers 17: „So kommt der Glaube aus der Predigt, das Predigen aber durch das Wort Christi."

Je mehr wir uns mit den Worten Christi auseinandersetzen, sei es durch die Predigt in der Kirche oder indem wir in Gottes Wort, der Bibel lesen, umso näher kommen wir unserem Erlöser Jesus Christus, umso besser verstehen wir ihn und umso leichter fällt es uns, seinem Wort zu glauben.

Je weniger wir uns mit dem Wort Gottes beschäftigen und je mehr wir auf das schauen, was die Welt um uns herumspricht, umso weiter entfernen wir uns vom Glauben.

Dass das nicht immer leicht ist, sondern oft mit einem inneren Kampf verbunden, stellt Paulus in dem ersten Brief an seinen Schüler Timotheus fest: (1. Tim. 6, 11-12) „…Jage der Gerechtigkeit nach, der Gottesfurcht, dem Glauben, der Liebe, der Geduld und der Freundlichkeit! Kämpfe den guten Kampf des Glaubens, damit du das ewige Leben gewinnst, zu dem Gott dich berufen hat."

Wenn ich nicht vollständig resignieren will, muss ich immer kämpfen. Es gibt auch den Kampf des Unglaubens, der mich in tausend Zweifeln zerreißen will. Aber wenn ich kämpfen muss, dann will ich auch einen

Sieg erringen und diesen Sieg kann ich nur in Gemeinschaft mit Jesus erringen, der sein Leben dafür gegeben hat, dass wir den Sieg haben.

Ich kann mich nicht selbst erlösen. Das haben viele versucht und Schiffbruch dabei erlitten. Wirkliche Erlösung kann ich nur dadurch erfahren, dass ich das Erlösungswerk Gottes im Glauben an Jesus Christus annehme. Das ist so leicht und gleichzeitig doch so schwer. Schwer ist es deshalb, weil es heißt, ein Geschenk anzunehmen, dem ich nichts entgegenhalten kann.

Es ist demütigend, feststellen zu müssen, dass ich selber es nicht schaffen kann, sondern dass ich auf die Hilfe eines anderen angewiesen bin. Aber wenn ich das einmal akzeptiert habe, ist der erste Schritt getan und ich fange an, darauf zu vertrauen, dass Gott es gut mit mir meint. Er hat nicht sein Liebstes, seinen Sohn geopfert, um mich danach hängen zu lassen.

Im Gegenteil, er wird alles tun, damit es mir gut geht. Alles, was er dafür von mir verlangt ist, dass ich daran glaube.

In Matthäus 21, Vers 22 heißt es: „Und alles, was ihr bittet im Gebet, wenn ihr glaubt, so werdet ihr's empfangen." Erkennen Sie die Reihenfolge?

Ich muss an die Gebetserhörung glauben, dann werde ich es empfangen!

Wir sehen das immer eher umgekehrt. Lieber Gott, wenn du meine Gebete erhörst, dann werde ich auch an dich glauben. Gott ist aber kein Automat, bei dem wir oben ein Gebet einwerfen und unten kommt die Erhörung raus.

Ich bin der Überzeugung, dass wir viele selbstsüchtige Gebete gar nicht erst sprechen würden, wenn wir wirklich im Glauben beten. Dann wäre uns schon im Vorhinein klar, dass Gott dieses Gebet überhaupt nicht erfüllen kann.

Aus eigener Erfahrung weiß ich, welchen Kampf dieses Thema mit sich bringt. Wie viele gut gemeinte Gebete sind nicht erfüllt worden. Da versucht Satan natürlich, mir einzureden, dass das alles doch keinen Sinn macht.

Dann schaue ich auf die vielen Gebetserhörungen, die ich erlebt habe und erinnere mich daran, dass Gott in Jesaja 55 sagt, dass seine Gedanken nicht unsere Gedanken sind und seine Wege nicht unsere Wege, sondern so viel höher der Himmel ist, als die Erde, soviel höher sind seine Wege als unsere Wege und seine Gedanken als unsere Gedanken.

17. ABLEHNUNG DES GLAUBENS

Zu Weihnachten feiern wir den Geburtstag unseres Erlösers und Herrn Jesus Christus. Das ist eine wunderbare Gelegenheit, sich einmal etwas näher mit ihm zu befassen.

In Jesus Christus ist Gott zu uns auf die Erde gekommen. In ihm hat er unter uns gelebt, hat uns vom ewigen Tod gerettet und uns erlöst. Aber wie danken wir ihm das?

Im ersten Kapitel des Johannes- Evangeliums heißt es in den Versen 10 bis 11: „Er war in der Welt, aber die Welt, die durch ihn geschaffen war, erkannte ihn nicht. Er kam zu seinem Volk, aber sein Volk wollte nichts von ihm wissen." Ist das nicht traurig? Stellen Sie sich vor, Sie opfern alles, was Sie haben, Ihren ganzen Besitz, Ihren Stand, den Komfort, den Sie genießen, für andere Menschen auf, um ihnen zu helfen und die lehnen Sie ab und sagen, Sie sollen sie gefälligst in Ruhe lassen.

Wenn ich mir vorstelle, welche Gedanken und Gefühle da in mir aufkämen, dann bin ich froh, dass Gott keine menschlichen Gedanken über uns hat, sondern göttliche, gnädige und barmherzige Gedanken. Er gibt uns immer wieder neue Gelegenheiten, unsere Gesinnung zu ändern und uns ihm zuzuwenden. Und dann, wenn wir diesen Schritt getan haben, dann geschieht etwas Außergewöhnliches. Dazu heißt es im Vers 12: „All denen jedoch, die ihn aufnahmen und an seinen Namen glaubten, gab er das Recht, Gottes Kinder zu werden." Diesen Text habe ich einmal zusammen mit einem Rechtsanwalt gelesen, der plötzlich ganz begeistert war. Er stellte fest, dass wir in dem Augenblick, wo wir Jesus in unser Leben aufnehmen, an ihn glauben und uns seiner Führung unterstellen, einen Rechtsanspruch erwerben, den uns keiner mehr wegnehmen kann, nämlich Kinder Gottes zu sein. Kein Mensch kann mir diesen Anspruch wegnehmen und auch Gott wird ihn mir niemals nehmen. Der einzige, der diesen Status ändern könnte, bin ich selbst. Gott räumt mir in seiner Liebe das Recht ein, auf diesen Anspruch zu verzichten und ihm wieder den Rücken zu kehren. Da könnte man vielleicht sagen, dass einer ja verrückt sein müsste, um das wieder aufzugeben, aber leider erlebe ich es immer wieder, dass Leute das tun.

Für mich persönlich hoffe und bete ich, dass das niemals passieren wird.

Jesus lebt mit mir. Er ist immer bei mir, wie er es am Ende des Matthäusevangeliums verspricht: „Ich bin jeden Tag bei euch, bis zum Ende der Welt." Somit beginnt das ewige Leben nicht erst mit meinem Tod, sondern es hat in dem Augenblick begonnen, wo ich Jesus in mein Leben aufgenommen habe.

Jesus hat mir den Weg zum Vater bereitet, den ich von mir aus nie erreicht hätte. In Johannes 14 Vers 6 sagt Jesus: „Ich bin der Weg, ich bin die Wahrheit und ich bin das Leben. Zum Vater kommt man nur durch mich". Es gibt also nur einen Weg zu Gott und der führt über Jesus. Er ist unser Fürsprecher vor dem Vater. Im ersten Johannesbrief, Kap. 2 Vers 1 heißt es dazu: „Meine lieben Kinder, ich schreibe euch diese Dinge, damit ihr nicht sündigt. Und wenn jemand doch eine Sünde begeht, haben wir einen Anwalt, der beim Vater für uns eintritt: Jesus Christus den Gerechten. Er, der nie etwas Unrechtes getan hat, ist durch seinen Tod zum Sühneopfer für unsere Sünden geworden ..."

Ich schreibe das alles nicht als graue Theorie, sondern ich habe es in meinem eigenen Leben erfahren, dass sich sehr viel verändert hat. Mein Leben ist viel entspannter geworden, seit Jesus die Führung darin übernommen hat und mein Anwalt geworden ist. Ein Evangelist schrieb zu diesem Thema: „Mir ist es bisher wegen angeborener Schwachheit und Bosheit unmöglich gewesen, den Forderungen Gottes zu genügen. Wenn ich nicht glauben darf, dass Gott mir um Christi willen meine täglichen Vergehen vergebe, so ist es aus mit mir. Ich muss verzweifeln. Aber das lass ich bleiben. Wie Judas an den Baum mich hängen, das tue ich nicht. Ich hänge mich an den Hals oder Fuß

Christi wie die Sünderin. Ob ich auch noch schlechter bin als diese, ich halte meinen Herrn fest. Dann spricht er zum Vater: Dieses Anhängsel muss auch durch. Es hat zwar nichts gehalten und alle deine Gebote übertreten, Vater, aber er hängt sich an mich. Was soll's! Ich starb auch für ihn. Lass ihn durchschlupfen". Lasst uns den Geburtstag von diesem wunderbaren Jesus bewusst und freudig feiern!

18. GERÜCHTE VERBREITEN

Eine Frau verbreitete einmal über jemanden, über den sie sich geärgert hatte, eine Lügengeschichte, die sich wie ein Lauffeuer über die ganze Stadt und darüber hinaus ausbreitete. Als die Frau bemerkte, was sie da angerichtet hatte, ging sie zu dem Mann und bat ihn um Entschuldigung. Er sprach ihr die Vergebung zu, aber sagte: „Weil du mir sehr wehgetan hast, habe ich noch eine Aufgabe für dich. Geh nach Hause, schlachte ein schwarzes Huhn. Gib alle Federn in einen Korb und komm dann wieder zu mir." Die Frau erledigte alles eifrig und kam mit dem Korb voller Federn zurück. Der Mann forderte sie auf, mit dem Korb auf den Kirchturm zu gehen und ihn dort aus dem Fenster zu schütten. Als sie das getan hatte, sagte der Mann zu ihr: „Jetzt geh und sammle alle Federn bis auf die letzte wieder ein!" Da meinte die Frau, dass das unmöglich sei, weil der Wind die Federn in alle Richtungen fortgetragen hat. Der Mann antwortete: „Siehst du, so ist es auch mit deinen bösen Worten gegangen. Wer kann sie wieder einsammeln und zurücknehmen und ihre Wirkung ungeschehen machen? Denke an die kleinen schwarzen Federn, bevor du Worte ausstreust!"

Gott fordert uns schon in den zehn Geboten dazu auf: „Du sollst nicht falsch Zeugnis reden wider deinen Nächsten!" Aber wer von uns kann von sich behaupten, das noch nie getan zu haben? Wie oft haben wir schon Dinge weitererzählt, die wir gehört haben, ohne zu prüfen, ob sie wirklich stimmen?

Der Apostel Jakobus widmet diesem Thema in seinem Brief fast ein ganzes Kapitel. Dort heißt es: „Wir alle lassen uns ja oft und in vieler Hinsicht etwas zuschulden kommen, am meisten jedoch mit dem, was wir sagen. Wenn jemand sich nie auch nur mit einem Wort etwas zuschulden kommen lässt, ist er ein vollkommener Mensch, der auch jeden anderen Bereich seines Lebens unter Kontrolle halten kann" (Jak. 3, Vers 2)

Jakobus vergleicht die Zunge mit dem Zaumzeug eines Pferdes und mit dem Ruder eines Schiffs. So klein beide im Vergleich sind, so große Wirkung haben sie. Er schreibt dann weiter in den Versen 7 bis 10: „Es gelingt dem Menschen zwar, die unterschiedlichsten Tiere zu zähmen – Raubtiere und Vögel, Reptilien und Fische. Sie alle hat der Mensch gebändigt, doch die Zunge kann kein Mensch bändigen. Sie ist ein ständiger Unruheherd, eine Unheilstifterin, erfüllt von tödlichem Gift. Mit ihr preisen wir den, der unser Herr und Vater ist, und mit ihr verfluchen wir Menschen, die als Ebenbild Gottes geschaffen sind. Aus ein und demselben Mund kommen Segen und Fluch. Das, meine Geschwister darf nicht sein."

Wie können wir dem begegnen?

Dazu habe ich noch eine Geschichte gelesen:

Ein Mann kam zum weisen Sokrates gelaufen und wollte ihm etwas über einen gemeinsamen Bekannten erzählen. "Halt ein!" unterbrach ihn der Weise. „Hast du das, was du mir erzählen willst, durch die drei Siebe gesiebt?" „Drei Siebe" fragte der andere verwundert? „Ja, drei Siebe. Das erste Sieb ist die Wahrheit. Hast du alles, was du mir erzählen willst, geprüft, ob es wahr ist?" „Nein, ich hörte es erzählen." „So, so. Aber sicher hast du es mit dem zweiten Sieb geprüft, es ist die Güte. Ist, was du mir erzählen willst, wenn schon nicht als wahr erwiesen, so doch wenigstens gut?" „Nein, das ist es nicht, im Gegenteil." Der Weise unterbrach ihn: „Lass uns auch noch das dritte Sieb anwenden und fragen, ob es notwendig ist, mir das zu erzählen, was dich so erregt." „Notwendig nun gerade nicht." „Also", lächelte der Weise, „wenn das, was du mir erzählen willst, weder wahr noch gut noch notwendig ist, so lass es begraben sein und belaste dich und mich nicht damit!"

Ich könnte mir auch noch ein Sieb vorstellen, ob das was wir sagen wollen, nützlich und hilfreich für unser Gegenüber ist.

Es muss auch nicht unbedingt etwas Unwahres sein, das wir sagen, aber Wahrheit ohne Liebe ist manchmal Brutalität. Dabei kommt es häufig gar nicht darauf an, was wir gemeint haben, sondern, was bei dem anderen angekommen ist.

Wir sollten uns auf alle Fälle über unser Reden Gedanken machen, bevor wir den Mund auftun. Wenn wir das konsequent tun, können wir viele Verletzungen und viel Unheil verhindern.

19. GOTTESFURCHT ODER MENSCHENFURCHT

Vor dieser Frage stehen wir unbewusst an jedem Tag mehrmals. Deswegen will ich sie in das Bewusstsein rücken und Sie auffordern, darüber nachzudenken.

Was bedeutet Menschenfurcht? Das heißt, dass ich mir bei all meinen Entscheidungen, die ich treffen muss, nicht zuerst überlege, ob das Ergebnis für mich selber, für meine Familie, mein Umfeld gut wäre, sondern ich frage mich zu allererst, was andere Menschen darüber denken, wenn ich so handle. Ich lasse also die anderen über mein Handeln entscheiden, bzw. –was noch schlimmer ist- das, was ich glaube, dass es die Meinung der anderen ist. Das muss nämlich nicht unbedingt mit deren Gedanken übereinstimmen.

Was bedeutet Gottesfurcht? Darüber habe ich mir lange Zeit sehr komplizierte Gedanken gemacht, weil in der Bibel sehr viele wunderbare Verheißungen darüberstehen, was der erhält, der Gott fürchtet.

Dabei ist es doch so einfach. Es ist die Umkehrung der Menschenfurcht. Ich mache mir bei meinen Entscheidungen keine Gedanken mehr darüber, was andere Menschen darüber denken, sondern ich frage mich, ob Gott mit meinem Handeln einverstanden ist. Bin ich mit dem, was ich vorhabe, im Einklang mit Ihm, mit seinem Wort, mit den Plänen, die Er für mich hat?

Wir brauchen uns nicht lange fragen, ob das, was wir tun, Recht oder Unrecht ist, wenn wir es heimlichtun wollen. Egal, ob es sich um etwas Größeres wie Ehebruch oder Diebstahl handelt, oder um eine kleine Unregelmäßigkeit, die schon vor den Augen der Welt nicht in Ordnung ist. In erster Linie ist es uns wichtig, dass die Menschen in unserer Umgebung nichts davon erfahren, denn sie könnten ja dann schlecht über uns denken. Unser Heiligenschein könnte einen Kratzer bekommen.

Sie können aber sicher sein, dass Sie vor Gott nichts verbergen können. Haben Sie sich darüber schon einmal Gedanken gemacht?

Vor Gott können Sie nichts, auch nicht das Geringste verbergen. Er sieht alles und er weiß alles. Das wäre ein schrecklicher Gedanke, wenn wir einen Gott hätten, der immer nur darauf wartet, welchen Fehler wir als nächstes machen, welches Gebot wir gerade wieder übertreten, um uns dann dafür strafen zu können, uns seine Liebe entziehen zu können.

Aber so einen Gott haben wir nicht, im Gegenteil.

In Johannes 3 Vers 16 heißt es: „Denn so sehr hat Gott die Welt geliebt, dass er seinen eigenen Sohn gab, damit alle, die an ihn glauben, nicht verloren werden, sondern das ewige Leben haben."

Dabei heißt „an ihn glauben" allerdings nicht, es einfach für wahr zu halten, sondern es für sich anzunehmen und danach zu leben.

Wir haben einen wunderbaren Gott, der alles für uns gegeben hat, der uns von Herzen liebt, der bei allem, was wir tun, immer unser Bestes will und uns jede erdenkbare Hilfe zukommen lässt. Aber dieser Gott ist auf der anderen Seite kein Hampelmann, mit dem wir machen können, was wir wollen, sondern er ist ein heiliger Gott, der von uns erwartet, dass wir unser Handeln auf Ihn ausrichten, dass wir uns bei allem, was wir tun, vorher überlegen, ob wir dadurch mit seinem Willen übereinstimmen.

Wir sollten uns also nicht vor Menschen fürchten, denn sie können uns nicht ernsthaft schaden. Im schlimmsten Fall können sie uns unser irdisches Leben nehmen, aber Gott entscheidet über unser ewiges Leben und dagegen ist dieses irdische Dasein nur ein Moment. Und ich habe erfahren, dass dieses ewige Leben nicht erst mit unserem irdischen Tod beginnt, sondern in dem Augenblick, wo ich mich entscheide, mein Leben konsequent auf Gott und Jesus Christus abzustellen.

„Auf Gott will ich hoffen und mich nicht fürchten. Was können mir Menschen tun?" Psalm 56,5

20. HEUTE LEBEN

Leben Sie in der Vergangenheit, in der Gegenwart, oder in der Zukunft? Viele Menschen leben fast ausschließlich in der Vergangenheit. Entweder träumen sie von den „guten alten Zeiten", oder sie haben Schlimmes erlebt und fürchten sich permanent davor, dass eine solche Situation wiederkommen könnte.

Andere leben nur in der Zukunft. Sie haben einen Traum von einer großen Sache, die sie erreichen wollen und reden davon, dass sie endlich entspannt leben werden, wenn sie das erreicht haben. Entweder gehen sie dieses Ziel aber nie konsequent an, oder es ist so utopisch, dass sie es gar nicht erreichen können.

Beide Typen werden ewig unzufrieden sein. Das einzige, was ich wirklich beeinflussen und gestalten kann, ist die Gegenwart. Natürlich soll ich aus den Fehlern der Vergangenheit lernen, genauso wie ich mir Ziele für die Zukunft stecken sollte, aber leben soll ich in der Gegenwart.

Paulus schreibt im Brief an die Philipper 3, Vers 13 und 14:"Brüder, ich bilde mir nicht ein, dass ich es schon ergriffen hätte. Eines aber tue ich. Ich vergesse, was hinter mir liegt, und strecke mich nach dem aus, was vor mir ist. Das Ziel vor Augen, jage ich nach dem Siegespreis der himmlischen Berufung, die Gott uns in Christus Jesus schenkt."

Der Unglaube schaut auf die Vergangenheit und sagt: „Siehst du, es hat damals schon nicht funktioniert, also geht es auch heute nicht."

Der Glaube lebt in der Gegenwart und hält nach der Zukunft Ausschau. Er sagt: „In der Vergangenheit habe ich Fehler gemacht, aber jetzt kann ich es schaffen und mit Gottes Hilfe werde ich es schaffen". Und dann geht der Glaube voran, indem er vergangene Niederlagen für immer hinter sich lässt und im Vertrauen auf Gott handelt. Alleine kann ich nichts, aber mit Gottes Hilfe ist mir alles möglich. Im Kapitel 4 des

Philipperbriefs schreibt Paulus im Vers 13: „Alles vermag ich durch ihn, der mir Kraft gibt."

Ich habe es in meinem Leben immer wieder erfahren, dass ich etwas krampfhaft alleine versucht habe und bin nicht vorangekommen. Nachdem ich dann Jesus Christus um seinen Beistand gebeten habe, sind viele Dinge plötzlich wie von alleine gegangen.

Hier gibt es eine große Diskrepanz zwischen den Ansichten der modernen Welt und dem christlichen Glauben. Die Welt sagt: „Du musst dich anstrengen, du musst Leistung bringen und du musst es alleine schaffen."

Die Bibel sagt uns: „Alleine kannst du gar nichts schaffen. Deine Leistungen sind umsonst, wenn ich mich nicht mit meiner Gnade an deine Seite stelle und dir helfe." Unser großer Gott ist immer bei uns, um uns zu helfen, aber er will, dass wir begreifen, wie nötig wir ihn brauchen.

Das widerspricht unserem Stolz natürlich gewaltig, einzugestehen, dass wir es nicht alleine schaffen können, sondern auf Gottes Hilfe angewiesen sind. Das ist wieder so ein Punkt, wo ich so froh bin, dass wir Gott „Vater" nennen dürfen und dass wir seine Kinder sind.

Kinder haben keine Probleme damit, sich von ihrem Vater helfen zu lassen. Im Gegenteil, sie freuen sich darüber, wenn sie ihre Aufgaben zusammen mit dem Vater erledigen können.

In Matthäus 18 Vers 3 sagt Jesus: „Wenn ihr nicht umkehrt und wie die Kinder werdet, könnt ihr nicht in das Himmelreich kommen."

Wäre es nicht schön, wenn wir das stolze und selbstsüchtige Gehabe der Erwachsenenwelt ablegen würden und wie die Kinder werden. Gehen wir zu unserem himmlischen Vater und sagen ihm: „Vater, ich bringe Dir alle meine eigenen Bemühungen. Ich will die Vergangenheit vergessen und mit Dir in der Gegenwart leben. Geh Du mit mir durchs Leben und hilf mir."

21. MITEINANDER REDEN

Ein großes Problem in unseren zwischenmenschlichen Beziehungen ist, dass wir zu wenig miteinander reden. Bei Politikern spricht man davon, dass sie viel geredet haben, aber zu wenig gesagt.

Das bedeutet, dass es nicht auf die Menge der Worte ankommt, die wir von uns geben, sondern auf den Inhalt. Oft genügen schon ein paar Worte, um einen Streit zu vermeiden, oder ein Jahre altes Zerwürfnis zu beenden. Ich kenne Leute, die haben über Jahre nicht miteinander geredet und beide wussten nicht genau, warum. Erst als einer von den beiden auf den anderen zugegangen ist und gesagt hat, dass er gerne in Frieden mit dem anderen leben möchte, haben sie sich versöhnt und alles war wieder in Ordnung.

Beide haben unter der Situation gelitten, aber es hat Jahre gedauert, bis einer den Mut fand, den Mund aufzutun und etwas zu sagen. Danach waren beide sehr froh, dass der Streit beendet war.

Es ist sehr befreiend, wenn wir aufeinander zugehen können. Dazu braucht man keine langen Reden. Ein kurzes „Es tut mir leid" oder eine kurze anderweitige Entschuldigung kann da Wunder wirken. Und wenn wir, wie in dem beschriebenen Fall, noch nicht einmal genau wissen, warum der Streit existiert, können wir auch sagen: „Wenn ich etwas gesagt oder getan habe, was falsch war, dann tut es mir leid."

Es braucht allerdings ein wenig Mut, seinen Stolz zu überwinden und diesen Schritt zu tun. Der Erfolg wird sie jedoch reich dafür belohnen.

Kürzlich habe ich einen guten Satz von einem Psychologen gehört:

„Jeder muss sich entscheiden, ob er Recht haben will, oder ob er glücklich und zufrieden leben will:"

Da ist viel Wahres dran. Der Preis, den wir dafür bezahlen, immer Recht haben zu wollen, ist oft der Grund für den Zerbruch von Ehen oder Freundschaften und viel Streit. Da lebt man wesentlich glücklicher, wenn man gelegentlich nachgibt und nicht auf seinem Recht beharrt.

Ein anderes heikles Thema in der Kommunikation ist die gegenseitige Korrektur. Lässt man sich gerne von anderen sagen, dass man etwas falsch gemacht hat? Und dabei ist diese Korrektur so wichtig für jeden von uns. Und von wem nimmt man sie leichter an, als von einem geliebten Menschen, oder von einem Freund. Dabei ist allerdings nicht der in Ehen so häufig gelebte Wunsch gemeint, den anderen nach seinen eigenen Vorstellungen zu verändern, sondern wohlgemeinte Kritik, die dem anderen helfen soll.

Zu diesem Thema hat die Bibel auch einiges zu sagen. In Sprüche 10 Vers 17 heißt es z.B.:

„Wenn du Ermahnungen annimmst, bist du auf dem richtigen Weg; wenn du dich gegen sie sträubst, läufst du in die Irre."

Ein liebevoller Tadel ist also eine Form von Erziehung, weil die korrigierende Person meistens dabei helfen will, vernünftige Lösungen für ein Problem zu zeigen, von denen alle Beteiligten profitieren können.

Es gibt aber noch wesentlich deutlichere Stellen. In Sprüche 12 Vers 1 steht:

„Wer dazulernen will, lässt sich gern sagen, was er falsch macht. Wer es hasst, auf Fehler hingewiesen zu werden, ist dumm."

Wir sind manchmal zu nah an unseren Problemen dran und drehen uns im Kreis, ohne eine Lösung zu finden. Ein außenstehender Freund kann uns durch seine Hinweise leicht auf den richtigen Weg bringen, wenn wir bereit sind, seine Korrektur anzunehmen.

Das größte Problem in beiden angesprochenen Bereichen ist immer unser Stolz. Er hindert uns zum einen daran, auf andere zuzugehen und um Vergebung zu bitten, wo wir sie mit Worten oder Handlungen verletzt haben, genauso wie er uns davor zurückhält, Korrektur von anderen anzunehmen.

22. NEID

In einem Andachtsbuch las ich den folgenden Absatz von einem unbekannten Autor:

„Heimlicher, unheimlicher Feind."

„Ich bin gefährlicher als viele Armeen der Welt. Ich greife mehr Menschen an, als alle anderen Waffen. Ich zerstöre Leben und Werte, mache Hoffnungen zunichte und vergifte die Beziehungen unter den Menschen. Ich finde meine Opfer überall, unter Reichen und Armen, bei Jung und Alt, unter Gelehrten und Ungelehrten. Ich verhindere viele Erfolge, richte ganze Familien zugrunde, zersetze die Gesellschaft, schleiche mich in alle Büros und Fabriken ein, bin in allen Abteilungen und Gruppen am Werk. Ich mache Herzen krank und Seelen wund, ich verletze Menschen und zerreiße Netze der Liebe und Zusammengehörigkeit. Ich war der Grund, warum Kain seinen Bruder Abel tötete, warum Esau seinen Bruder Jakob töten wollte, warum die Söhne Jakobs ihren Bruder Joseph hassten, warum Menschen Jesus kreuzigten, warum Paulus von seinen Mitjuden fast zu Tode gesteinigt wurde. Ich bin der Grund für unendlich viel Hass und Grausamkeit, Mord und Gräuel, Zerstörung und Verletzung. Meine Macht ist groß, besonders, weil ich nicht ernst genommen werde. Ich bin in allen Religionen und Kirchen zu finden und kann auch dort meine zersetzende Tätigkeit ausüben. Ich führe die Menschen zu einer tiefen Erniedrigung, lasse sie alle Würde und Menschlichkeit vergessen. Auch unter den Christen erkennen mich nur wenige und suchen mich zu meiden. Ich bin immer da und komme immer wieder. Ich bin dein größter Feind und verfolge dich bis zum Tod. Mein Name ist - Neid!"

Haben Sie sich schon jemals Gedanken darüber gemacht, was Neid alles bewirken kann? Ich muss sagen, dass mich diese Aufstellung der Auswirkungen von Neid sehr betroffen gemacht hat.

Was sagt die Bibel zu diesem Thema? Wir finden eine deutliche Aussage im Jakobusbrief 3, 14-16:

„Wenn aber euer Herz voll ist von bitterem Neid und von Ehrgeiz, dann prahlt nicht und verfälscht nicht die Wahrheit! Das ist nicht die Weisheit, die von oben kommt, sondern eine irdische, eigennützige, teuflische Weisheit. Wo nämlich Neid und Ehrgeiz herrschen, da gibt es Unordnung und böse Taten jeder Art."

Ich habe mich mit dem Thema Neid nie sehr stark auseinandergesetzt und schon gar nicht darüber nachgedacht, welche verheerenden Auswirkungen er hat. Neid ist eine Waffe des Teufels und alles, was vom Teufel kommt, ist zerstörerisch.

Was wir in der Regel überhaupt nicht bedenken, ist, dass es nicht die anderen zerstört, sondern uns selber. Wenn in mir ein Neid darüber frisst, dass ein anderer etwas hat, oder kann, was mir verwehrt ist, dann merkt der Beneidete das in der Regel noch nicht einmal.

Ich selber bin aber vergiftet, meine Freude ist getrübt, mein Herz ist krank und meine Seele wund. Mein kreatives Denken ist gestört, weil ich nicht mehr darauf schaue, was ich Positives schaffen kann, sondern ich wühle im Selbstmitleid und mache mir vielleicht sogar Gedanken darüber, wie ich dem anderen schaden könnte, den ich beneide. Spätestens dann merkt es auch der Andere und wundert sich darüber, warum die Beziehung plötzlich gestört ist.

Wie viel besser ist es, wenn ich den Menschen um mich herum alles gönne, was sie haben, oder können, wenn ich mich mit ihnen freuen kann. Das hebt zuerst meine eigene Stimmung und stärkt meine Verbundenheit mit diesen Menschen.

Ich wünsche Ihnen ein neidfreies Leben.

23. DIE LIEBE GOTTES

Die Liebe Gottes ist ein großes Thema. Sie wird oft missverstanden und häufig glauben wir gar nicht daran, dass Gott uns unendlich liebt.

Ich habe einmal einen Satz gelesen, der mich immer wieder beschäftigt:

„Gottes Liebe ist bedingungslos und grenzenlos, aber nicht folgenlos."

Wenn ich mein Leben in den letzten 33 Jahren anschaue, also die Zeit, in der ich bewusst mit Jesus gelebt habe, dann kann ich diesen Satz nur hundertprozentig bestätigen.

Wir denken nur allzu gerne: „Nein, das mit der bedingungslosen Liebe stimmt nicht. Die Bedingung für seine Liebe ist doch, dass wir Menschen Jesus Christus, Gottes Sohn, der für uns am Kreuz gestorben ist, als unseren Heiland annehmen." Aber das stimmt nicht.

„Gott aber beweist seine Liebe gegen uns damit, dass Christus für uns gestorben ist, als wir noch Sünder waren" So steht es in der Bibel (Röm. 5, 8) Jesus hat unsere ganze Schuld getragen – ohne Vorbedingung von uns. Gottes Liebe ist ein Geschenk für uns, das er für uns bereithält, unabhängig davon, ob wir es annehmen, oder nicht. Auch für diejenigen, die dieses Geschenk (noch) nicht annehmen, ist Jesus am Kreuz gestorben.

Gott hat aus dieser bedingungslosen Liebe heraus alles für uns getan, was er von seiner Seite her tun konnte. Er hält Ihnen das Geschenk der Freiheit, der Erlösung hin und wartet darauf, dass Sie es annehmen. Sie müssen Ihr Leben nicht erst verbessern, bevor Sie zu Jesus kommen, das ist sowieso nicht möglich. Sie brauchen nur die ausgestreckte Hand nehmen und Gott bitten, Sie zu verändern. Er alleine kann das.

Aber Gottes Liebe ist nicht nur bedingungslos, sondern auch grenzenlos. Keiner wird dabei ausgeschlossen. Vor Gott sind alle Menschen gleich, auch wenn er jeden als Individuum einzigartig geschaffen hat. Niemand ist ausgeschlossen von Gottes Liebe, nur derjenige, der sich selber ausschließt und nicht umkehren möchte von seinem selbstbestimmten Weg ohne Gott.

Liebe kann nur zur Erfüllung kommen, wenn sie von beiden Seiten gelebt wird. Wenn eine Seite das nicht annimmt, bleibt das Angebot der anderen Seite ohne Auswirkung. Trotzdem bleibt es bestehen. Ich glaube, dass kein Mensch jemals so viel Geduld aufbringen kann, wie Gott. Er wartet geduldig, bis Sie sich ihm eines Tages doch noch zuwenden.

Ich wünsche Ihnen von Herzen, dass Sie das möglichst bald tun können, denn Gottes Liebe ist auch nicht folgenlos.

Wenn Sie sein Angebot nicht annehmen, sind Sie allein auf sich gestellt und dieser Welt völlig ausgeliefert. Wenn Sie ohne Gott leben, sind Sie Ihr eigener Ankläger, Verteidiger und Richter. Sie werden nach den Maßstäben dieser Welt gerichtet und die kennt keine Gnade.

Ich habe in meinem Leben beide Seiten kennengelernt. Bis zu meinem 40. Lebensjahr bin ich diesen selbstbestimmten Weg gegangen. Dann habe ich das Angebot Gottes angenommen. Mein Leben ist seitdem wesentlich entspannter geworden. Zum einen hat er mich sehr stark verändert. Früher war ich ein ziemlich verbissener und nach innen gerichteter Mensch. Am liebsten war es mir, wenn mich niemand angeredet hat. Gott hat aus mir einen offenen Menschen gemacht, der mit Freude auf andere zugeht.

Nicht mehr die Maßstäbe dieser Welt sind heute die Basis für mein Handeln, sondern Gottes Maßstäbe. Früher war mein Leben von Menschenfurcht geprägt. Was denken die Leute, wenn ich dies oder das tue. Heute lebe ich in der Gottesfurcht. Nicht mehr das, was die Menschen über mich denken könnten, ist mir wichtig, sondern allein, was Gott über mich denkt.

Meine Erfahrung hat gezeigt, dass ein Leben in der Liebe Gottes wunderbar ist und diese Erfahrung wünsche ich Ihnen allen ebenfalls.

24. FREIHEIT

Jeder Mensch sucht nach Freiheit. Zum Glück leben wir in einem freien Land. Trotzdem, oder gerade deshalb reagieren wir sehr empfindlich, wenn wir das Gefühl haben, in unserer Freiheit eingeschränkt zu werden.

Viele von uns haben das Gefühl, bzw. die Befürchtung, dass sie ihre Freiheit verlieren, wenn sie sich ganz auf Gott und Jesus Christus einlassen. Sie haben Angst davor, dass Gott etwas von ihnen verlangen würde, was sie absolut nicht wollen, z.b. alles herzugeben, was sie besitzen, wie bei dem reichen Jüngling in der Bibel. Aber ist das wirklich so?

Liebe hat immer auch mit Freiheit zu tun. Wenn Gott uns nicht geliebt hätte, dann hätte er uns zu Marionetten gemacht, die er beliebig in die Richtung führen könnte, in die er uns haben will. Aber das tat er nicht. Er ließ uns die Freiheit, zu entscheiden, ob wir uns ihm zuwenden oder nicht.

Ich bin überzeugt davon, dass es mir am besten geht, wenn ich genau die Dinge tue, die Gott für mich vorgesehen hat, bzw. genau die Wege gehe, die er schon für mich vorbereitet hat. Gott liebt mich und er kennt mich besser, als ich mich selbst. Er weiß, was am besten für mich ist, aber er lässt mir die Freiheit, zu entscheiden, was ich tue und welchen Weg ich gehe. Ich bin in meinem Leben viele Umwege gegangen und der Herr hat geduldig darauf gewartet, dass ich auf den richtigen Weg zurückkomme. Er hat mich auf meinen Umwegen oft sogar vor Schaden bewahrt und mir weitergeholfen, wenn ich in einer Sackgasse war.

Inzwischen weiß ich, dass mein Leben am besten läuft, wenn ich auf Gottes Wegen unterwegs bin und ich weiß immer ganz genau, ob das gerade der Fall ist, oder nicht. Unser Gewissen ist da ein sehr zuverlässiger Wegweiser.

Adam und Eva hatten im Paradies die absolute Freiheit. Ein einziges Verbot hatte Gott ausgesprochen, sie sollten nicht vom Baum der Erkenntnis essen. Wenn wir verstehen wollen, was Gott in Wirklichkeit für und von uns will, dann müssen wir wissen, was seine Absichten für uns sind und die sind immer nur gut. In Jeremia 29, Vers 11 sagt Gott: „Denn ich kenne meine Pläne, die ich für euch habe, Pläne des Heils und nicht des Unheils; denn ich will euch eine Zukunft und eine Hoffnung geben."

Aber das haben Adam und Eva leider nicht verstanden. Stattdessen ließen sie sich von der Schlange (Satan) einreden, dass Gott sie nur vom Baum der Weisheit fernhalten wollte, weil sie sonst wären wie er. Sie ließen sich davon überzeugen, dass Gott sie klein halten und unterdrücken wollte. Aber das hat nichts mit dem Gott der Bibel zu tun. Er ist genau das Gegenteil davon. Er ist ein Gott von echter Freiheit, die alle Lebensbereiche umfasst.

Adam und Eva haben das nicht erkannt. Sie ließen sich von Satan einreden, dass es ohne Gott viel mehr Freiheit gibt und das glauben leider auch heute noch viele Menschen. Die Folge dieser falsch verstandenen Freiheit war die Vertreibung aus dem Paradies. Plötzlich gab es Streit, Angst, Schmerzen, Anstrengung, Tränen, Verletzungen, Kummer, ungestillte Sehnsüchte, Tod usw. Alles, was schlecht ist und uns kaputt macht, kam plötzlich zu ihnen und in die ganze Welt.

Und in dieser gefallenen Welt leben wir heute noch, wenn, ja wenn wir nicht umkehren, uns Jesus Christus zuwenden, an ihn glauben und ihm nachfolgen.

Jesus hat durch seinen Tod am Kreuz das wieder gut gemacht, was Adam und Eva im Paradies verbockt haben. Er führt uns in die Freiheit, wenn wir uns wirklich von ihm führen lassen und auf unsere selbstbestimmte Freiheit verzichten. Gottes Gebote wollen uns nicht einengen, sondern einen geschützten Raum bieten, innerhalb dessen wir uns frei bewegen können.

Seitdem ich Jesus nachfolge, habe ich immer mehr erkennen können, dass bei Gott die Freiheit am größten ist und das begeistert mich.

25. OSTERN

Ostern ist eines der wichtigsten christlichen Feste und dieses Fest besteht aus zwei Teilen, einem traurigen und einem fröhlichen Teil.

Erst kommt Karfreitag, der Tag, an dem wir darüber trauern, dass Jesus Christus ans Kreuz genagelt wurde und für unsere Sünden sterben musste. So schlimm das auch ist, wenn wir uns überlegen, was das für ein grausamer Tod war, so steckt darin aber doch wieder ein wunderbares Ereignis für jeden von uns darin, der an Jesus glaubt. Für uns heißt das, da ist einer gekommen, der meine Schuld auf sich genommen, der die Strafe für mich übernommen hat, und mich dadurch von den Konsequenzen meiner Sünden frei gemacht hat.

Wie schlimm muss dieser Tag für die Jünger Jesu gewesen sein. Obwohl er ihnen mehrmals gesagt hatte, dass er sterben müsste, aber am dritten Tag wieder auferstehen würde, haben sie das nicht begriffen und waren der Meinung, dass jetzt alles vorbei sei.

Aber Karfreitag ist nicht das Ende von Gottes Erlösungswerk, sondern es folgt der Ostersonntag. Wie wunderbar ist es, wenn wir uns am Ostersonntag gegenseitig bestätigen können: „Der Herr ist auferstanden!" und darauf antworten: „Er ist wahrhaftig auferstanden."

Jesus hat durch sein Sterben am Kreuz den Tod besiegt. Er lebt, und wenn wir an ihn glauben, dann wissen wir, dass wir mit ihm leben werden.

Das Wort Gottes versteht unter tot sein und gestorben sein zwei sehr unterschiedliche Dinge: Ich kann sehr lebendig sein, wenn ich mein Leben aber ohne Gott lebe, bin ich nach Gottes Wort „tot". Andererseits kann ich gestorben sein, werde aber mit Jesus ewig leben, wenn ich an ihn geglaubt und mein Leben auf ihn ausgerichtet habe. Das wird ganz deutlich in dem Gleichnis vom verlorenen Sohn (Lukas 15), wo der

Vater nach der Rückkehr seines Sohnes sagt: „Denn mein Sohn war tot, jetzt lebt er wieder ..."

Ich habe einmal eine Predigt von einem farbigen Pfarrer gehört, der in jedem zweiten Satz sagte: „It´s friday, but sunday is coming!" „Heute ist Freitag, aber der Sonntag kommt bestimmt!"

So, wie das Osterfest aus dem Karfreitag und dem Ostersonntag besteht, so geht es uns doch auch im täglichen Leben immer wieder.

Für den Vater in dem oben genannten Gleichnis war beim Weggang seines Sohnes ein ganz schwarzer Freitag. Bei seiner Rückkehr war Sonntag.

Wenn wir in unserem Leben eine schwere Phase durchleben, werden es viele Menschen in unserer Umgebung verstehen, wenn wir uns nach unten ziehen lassen und Gott und die Welt dafür anklagen, dass es uns gerade so schlecht geht. Wir helfen uns selber damit aber überhaupt nicht, sondern verlängern unsere Leidenszeit eher, sodass die Phase zwischen Freitag und Sonntag sich unnötig verlängert.

Wir können aber auch sagen: „Heute ist Freitag, aber der Sonntag kommt bestimmt." Gott rechtfertigt es immer wieder, wenn wir unsere Hoffnung auf ihn setzen, wenn wir uns immer wieder ins Gedächtnis rufen, dass Gott uns liebt und dass er unser Bestes will.

Ich kann bestätigen, dass mein Vertrauen in Gott gerade an den Freitagen meines Lebens, da, wo ich schwierige Phasen zu bestehen hatte, am meisten gestärkt wurde, weil ich immer wieder erleben durfte, dass auf den Freitag der Sonntag folgte.

Wenn Sie gerade in einer schwierigen Situation sind, dann verzweifeln Sie nicht, sondern denken daran, dass Gott das Beste für Sie will. Denken Sie daran: „Es ist Freitag, aber der Sonntag kommt bestimmt!

26. WIE GROß IST IHR GOTT

Wir sind immer wieder gefährdet, Gott auf unsere Ebene herabzuziehen und seine Möglichkeiten an unseren Fähigkeiten zu messen.

Im Buch des Propheten Jesaja sagt uns Gott in den Versen 8 und 9 des Kapitels 55 aber etwas ganz anderes: „Meine Gedanken sind nicht eure Gedanken und eure Wege sind nicht meine Wege. So hoch der Himmel über der Erde ist, so hoch erhaben sind meine Wege über eure Wege und meine Gedanken über eure Gedanken."

Für unseren lebendigen Gott gibt es keine Grenzen, -keine Situation, wo er sagen müsste: „Da kann ich leider nichts tun."- außer den Grenzen, die er selber gesteckt hat. Ich kenne keine Person, die konsequenter wäre, als Gott. Was er einmal gesagt hat, gilt in alle Ewigkeit.

Wenn Jesus in Johannes 14, Vers 6 sagt: „Ich bin der Weg und die Wahrheit und das Leben; niemand kommt zum Vater, außer durch mich.", dann gilt diese Aussage ohne Ausnahme. Der Vater wird niemals zu einem Menschen sagen: „Du hast zwar nicht an meinen Sohn geglaubt, der sein Leben auch für dich gegeben hat, aber ich nehme dich trotzdem an." Gott ist derselbe, gestern, heute und morgen und was Er einmal zugesagt hat, gilt für immer. Bei Ihm ist es nicht wie bei dem Propheten Mohammed, dessen Spätschriften praktisch das Gegenteil von dem besagen, was er in den Frühschriften meinte.

Das ist für mich etwas ganz Wichtiges. Gott ist berechenbar (aber nicht verfügbar). Seine Zusagen gelten heute genauso wie in der Zukunft. Wenn ich mich mit Seinem Wort befasse, bekomme ich eine gute Wegweisung für mein Leben. Ich weiß, was Er für mich gut findet und was nicht und ich weiß vor allem, dass dieser unendlich große und mächtige Gott mich kleinen Wicht bei meinem Namen kennt und dass

Er mich liebt. Das ist eine Vorstellung, die mein Denken und Fühlen übersteigt. Aber es steht in Gottes Wort und folglich ist es wahr.

In Jeremia 29, Vers 11 sagt Gott zu uns: „Denn ich kenne meine Pläne, die ich für euch habe, spricht der HERR, Pläne des Heils und nicht des Unheils, denn ich will euch eine Zukunft und eine Hoffnung geben." Zwei Verse weiter sagt ER uns zu: "Sucht ihr mich, so findet ihr mich. Wenn ihr von ganzem Herzen nach mir fragt, lasse ich mich von euch finden."

Unsere Gesellschaft hat sich darauf eingestellt, den Menschen in den Mittelpunkt dieser Welt zu rücken und Gott zur Seite zu schieben. Die Folge ist, dass wir an nichts mehr glauben, was unsere menschliche Vorstellungskraft übersteigt.

Meine Frau und ich haben uns vor vielen Jahren entschieden, diesen Trend nicht mehr mitzumachen und Gott in den Mittelpunkt unseres Lebens zu stellen. Wir haben Ihn in einem Gebet um Vergebung gebeten, dass wir unser Leben selbstbestimmt gelebt haben und Ihn gebeten, uns dabei zu helfen, ein Leben mit Ihm im Mittelpunkt zu führen.

Das war der Anfang eines Weges, auf dem wir viel lernen mussten, aber wir waren auf diesem Weg nie alleine. Jesus ist mit uns unterwegs und der Heilige Geist hilft uns, die Heilige Schrift, die seit langem zum Handbuch unseres Lebens geworden ist, zu verstehen und danach zu leben.

Wir haben viele Situationen erlebt und erleben sie immer wieder, wo Gottes Handeln unsere kühnsten Vorstellungen noch weit übertroffen hat. Wir haben zum Beispiel in unserer Umgebung Heilungen durch Gebet erlebt, die sämtliche Ärzte für unmöglich gehalten haben. Gott tut auch heute noch täglich viele Wunder. Wir müssen nur die Augen aufhalten.

Wenn Sie anfangen, Ihr Leben nicht mehr selbst zu bestimmen, sondern auf unseren wunderbaren Gott auszurichten, werden auch Sie Seine grenzenlosen Möglichkeiten erkennen und Ihr Vertrauen zu Ihm wird ständig wachsen.

27. ES LEBE DER UNTERSCHIED

In der Einheit liegt die Kraft. Der Teufel weiß das. Deshalb versucht er ständig, die Einheit unter uns Menschen zu bekämpfen. Gott hat uns ungleich gemacht, damit wir stärker werden. Jeder Mensch ist einzigartig und wenn wir diese individuellen Fähigkeiten in Einheit zusammenführen, dann werden wir stark.

Dem Teufel gefällt es nicht, wenn wir stark sind und deshalb versucht er, unsere Ungleichheiten zu benutzen und einen Keil zwischen uns zu treiben, damit er unsere Einheit zerstören kann.

Nehmen Sie zum Beispiel Mann und Frau. Er hat uns dazu gebracht, darüber zu streiten, wer von den beiden dem anderen überlegen ist. Aber diese Frage ist leicht zu klären: Die Frauen sind den Männern überlegen. Wenn Sie das nicht glauben, dann versuchen Sie doch, als Mann ein Kind zu bekommen.

Aber zugleich sind die Männer auch den Frauen überlegen. Wenn Sie es nicht glauben, dann versuchen Sie als Frau doch einmal, ohne einen Mann ein Kind zu bekommen.

Es ist der vereinte Unterschied, der uns stark macht. Wenn wir unsere unterschiedlichen Eigenschaften und Fähigkeiten zusammenlegen, dann werden wir wirklich stark.

Menschen haben in letzter Zeit sogar darüber gestritten, ob Gott männlich oder weiblich ist. Aber die Bibel selbst gibt uns die Antwort. Er ist ohne Zweifel beides. In der hebräischen Sprache haben alle Wörter ein Geschlecht. Sie sind entweder männlich, oder weiblich. Das hebräische Wort Jahwe (Gott) ist jedoch beides, männlich und weiblich. Gott ist genauso weiblich, wie er männlich ist und genauso männlich, wie er weiblich ist.

Ursprünglich war auch der Mensch so. Als Gott Adam schuf, war der sowohl männlich, als auch weiblich. Dann trennte Gott den weiblichen Teil von ihm und schuf Eva.

In der Folge mussten Mann und Frau zusammenkommen, um ein perfektes Ganzes zu bilden.

Das gilt auch heute noch so. Wenn Gott beispielsweise Mann und Frau zusammenführt, dann fügt er oft Menschen zusammen, die in ihrer Persönlichkeit sehr verschieden sind. Wo der eine schwach ist, ist der andere stark und umgekehrt. Wenn sie dann eins werden, sind sie stärker, als sie es einzeln je zuvor waren.

Am stärksten wird so eine Verbindung dann, wenn Gott noch als dritter dabei ist.

Im Buch Kohelet (Prediger) 4 Vers 12 heißt es:

„Ein einzelner Mensch kann leicht überwältigt werden, aber zwei wehren den Überfall ab. Noch besser sind drei; es heißt ja: Ein Seil aus drei Schnüren reißt nicht so schnell."

Am Anfang unserer Ehe versuchten meine Frau und ich, den jeweils anderen nach unseren Vorstellungen zu verbiegen und zu verändern. Das kann nicht gut gehen. Wir sind alle als Individuen geschaffen und erst, als wir gegenseitig unsere Unterschiedlichkeiten, unsere Stärken und Schwächen akzeptiert haben, wurde unsere Ehe stark und schön. Als dann noch Jesus als Dritter zu diesem Bund dazugekommen ist, wurde die Einheit noch stärker.

Wir kennen unsere gegenseitigen Stärken und Schwächen genau und können uns dadurch wunderbar ergänzen und da, wo wir beide schwach sind, tritt Jesus für uns ein.

Gibt es Menschen in ihrem Leben, die so anders sind als Sie, dass es Sie manchmal schon ärgert?

Dann erlauben Sie dem Teufel nicht, diese Ungleichheiten dazu zu gebrauchen, Sie auseinander zu bringen. Bitten Sie Gott, dass Sie diese Ungleichheiten akzeptieren können und vielleicht sogar lernen, sie zu schätzen. Erlauben Sie ihm, Ihnen zu zeigen, wie stark Sie sein könnten- und zwar gemeinsam.

28. ZUFRIEDENHEIT

Sind Sie ein zufriedener Mensch?

Bei dieser Frage fällt mir wieder eine Geschichte ein, die ich einmal gelesen habe:

Ein Arzt kommt jeden Tag in ein Seniorenheim. Dabei fällt ihm ein alter Mann auf, der immer fröhlich und gut aufgelegt ist. Der Arzt fragt ihn, woran das liegt. Der Mann antwortet: „Ich nehme jeden Tag zwei Tabletten ein und die machen mich glücklich." Der Arzt meint erstaunt: „Die habe ich Ihnen aber nicht verschrieben." Darauf der Alte: „Die können Sie auch nicht verschreiben. Ich nehme morgens die Tablette Zufriedenheit und am Abend die Tablette Dankbarkeit. Die gibt es in keiner Apotheke."

In Psalm 116 Vers 7 heißt es: "Sei nun wieder zufrieden, meine Seele, denn der Herr tut dir Gutes."

Unsere Welt gibt sich die größte Mühe, uns unzufrieden zu machen. Ständig will uns die Werbung einreden, dass wir eine Menge Bedürfnisse hätten, die wir vorher nicht kannten. Immer wieder werden uns Produkte vorgeführt, die wir bisher nicht brauchten, aber plötzlich soll das Leben kaum mehr ohne sie erträglich sein. Wenn wir uns auf all das einlassen, was uns die Werbung und unsere Mitmenschen einreden wollen, dann müssen wir automatisch unzufrieden werden. Dabei gibt es gar nicht so viele Dinge, die wir wirklich brauchen.

Vor allen Dingen brauchen wir nicht alles, was unsere Freunde, unser Nachbar, oder die Kollegen in der Arbeit haben. Sören Kierkegaard sagte einmal: „Alle Not kommt vom Vergleichen."

Wenn wir immer nur darauf schauen, ob die Menschen in unserer Umgebung ein schöneres Haus, ein größeres Auto oder gescheitere Kinder haben, dann müssen wir automatisch unzufrieden werden. Wir müssen nicht auf die anderen schauen, sondern wir müssen uns dessen bewusstwerden, was wir für reich beschenkte Menschen sind. Denn der Herr tut jedem von uns tatsächlich viel Gutes. Wir müssen es nur erkennen und nicht alles als selbstverständlich hinnehmen.

Und wenn wir unbedingt vergleichen wollen, dann schauen wir doch auf diejenigen, denen es viel schlechter geht, als uns.

Wenn Sie Essen im Kühlschrank, intakte Kleider am Leib, ein Dach über dem Kopf und einen Platz zum Schlafen haben, sind Sie reicher als 75 % der Menschen auf dieser Erde.

Wenn Sie Geld auf der Bank, in Ihrem Geldbeutel und im Sparschwein haben, gehören Sie zu den privilegiertesten 8 % dieser Welt.

Wenn Sie zur Kirche gehen können ohne Angst haben zu müssen, bedroht, gefoltert oder getötet zu werden, haben Sie mehr Glück als 3 Milliarden Menschen auf der Erde.

Wenn ich mir all diese Zahlen anschaue, merke ich, wie reich beschenkt ich bin und bekomme ein dankbares Herz gegenüber unserem Gott, der es so gut mit mir meint. Und nicht nur mit mir, sondern auch mit Ihnen. Sie müssen es nur erkennen und sollten es nicht als selbstverständlich nehmen, dass Sie ein Dach über dem Kopf, genügend zu essen und mehr als genug Kleider haben.

Diese Erkenntnis macht mich dankbar, weil ich Gottes Gnade darin erkenne. Ich konnte mir nicht aussuchen, in welches Land ich hineingeboren wurde, was ich für Eltern bekommen würde. Das ist alles Gnade. Und ich habe auch erfahren, dass es Gnade ist, dass ich an Gott und meinen Erlöser Jesus Christus glauben darf. Ich habe Menschen erlebt, die sich mit großem Eifer mit allen Religionen dieser Welt befasst haben, bis sie zum Schluss nur noch verwirrt und unglücklich waren, aber unfähig, sich Jesus zuzuwenden.

Deshalb bin ich dem Vater im Himmel unendlich dankbar, dass er mich zu Jesus hingezogen hat, denn der Glaube an Ihn und die

Beschäftigung mit seiner Botschaft haben mich zu einem wirklich glücklichen, dankbaren und zufriedenen Menschen gemacht.

29. WOFÜR DANKEN

Geht es Ihnen auch so, wie mir, dass Sie jedes Jahr wieder das Gefühl haben: Kaum sind die Sommerferien der Kinder vorbei, kommt schon wieder die Weihnachtszeit.

Auch wenn die sogenannte „staade" Zeit inzwischen von einer großen Hektik geprägt ist, sollten wir uns zwischendrin einmal eine Pause gönnen, um darüber nachzudenken (Denkpause), wie gut es uns doch geht. Viele Dinge sind so selbstverständlich für uns geworden, dass wir gar nicht mehr daran denken und schon gar nicht dafür danken.

Ich gehöre zur ersten Nachkriegsgeneration, die im Gegensatz zu den vorhergehenden vielen Generationen keinen Krieg in unserem Land erlebt hat. Dadurch wuchs der Wohlstand bei uns und ich denke, dass in Deutschland heute niemand unfreiwillig hungern muss. Wenn wir die Erdbeben, Tsunamis, Brände und verheerenden Stürme in anderen Ländern der Erde anschauen, kommt uns selbst die Flutkatastrophe vom Juni 2013 verhältnismäßig harmlos vor. Gott meint es gut mit uns, obwohl wir in der Vergangenheit so viel Unheil über die Welt gebracht haben.

Wäre es da nicht einmal gut, wenn wir unserem Schöpfer dafür danken, dass Er uns so reich beschenkt? In der Bibel schreibt Paulus an die Epheser im Kapitel 5, Vers 20: „Sagt Gott, dem Vater, allezeit Dank für alles im Namen unseres Herrn Jesus Christus."

Das ist ziemlich herausfordernd, dass ich Gott allezeit für alles danken soll, aber ich habe neulich einige „Gedanken zum Danken" bekommen, die mir sehr gut gefallen haben und die ich mit Ihnen teilen will. Da heißt es:

Ich bin dankbar....

• Für die Steuern, die ich zahle, weil das bedeutet, ich habe Arbeit und Einkommen

- Für die Hose, die ein bisschen zu eng sitzt, weil das bedeutet, ich habe genug zu essen.

- Für das Durcheinander nach der Feier, das ich aufräumen muss, weil das bedeutet, ich war von lieben Menschen umgeben.

- Für den Rasen, der gemäht, die Fenster, die geputzt werden müssen, weil das bedeutet, ich habe ein Zuhause.

- Für die laut geäußerten Beschwerden über die Regierung, weil das bedeutet, wir leben in einem freien Land und haben das Recht auf freie Meinungsäußerung.

- Für die Parklücke ganz hinten in der äußersten Ecke des Parkplatzes, weil das bedeutet, ich kann mir ein Auto leisten.

- Für die Frau in der Kirche, die hinter mir so falsch singt, weil das bedeutet, dass ich gut hören kann.

- Für die Wäsche und den Bügelberg, weil das bedeutet, dass ich genug Kleidung habe.

- Für die Müdigkeit und die schmerzenden Muskeln am Ende des Tages, weil das bedeutet, ich bin fähig, hart zu arbeiten.

- Für den Wecker, der morgens klingelt, weil das bedeutet, mir wird ein neuer Tag geschenkt.

Sind Sie mit mir der Meinung, dass wir wesentlich leichter und zufriedener leben könnten, wenn wir uns solche Gedanken des Dankens aneignen würden?

Gerade in der Weihnachtszeit werden wir an etwas erinnert, worüber wir ganz besonders danken können. Einer der bekanntesten Bibelverse seht im Johannesevangelium, im Kapitel 3, Vers 16: „Denn Gott hat die Welt so sehr geliebt, dass er seinen einzigen Sohn hingab, damit jeder, der an ihn glaubt, nicht zugrunde geht, sondern das ewige Leben hat."

Das ist das größte und schönste Geschenk, das uns Gott jemals gemacht hat Voraussetzung ist jedoch, dass wir dieses Geschenk auch annehmen und dass wir an Jesus glauben.

30. HOFFNUNG

Ich erlebe in der Welt und gerade auch in unserer Region sehr viel Hoffnungslosigkeit und es ist mir ein großes Anliegen, dagegen vorzugehen.

Jetzt fragen Sie vielleicht: „Ja, worauf soll ich denn hoffen, wenn alles um mich herum so trostlos erscheint?" Darauf antwortet das Wort Gottes in Psalm 40, Vers 5: „Wohl dem, der seine Hoffnung setzt auf den Herrn."

Ich kenne nur einen, auf den ich meine ganze Hoffnung setze und der mich bisher noch nie enttäuscht hat und das ist mein Herr und Gott. Er hat für meine Probleme oft völlig andere Lösungen gehabt, als ich mir das vorstellen konnte. Manchmal haben mir diese Lösungen am Anfang auch gar nicht so sehr gefallen, aber im Endeffekt haben sie sich immer als optimal herausgestellt.

Wenn ich immer nur auf die momentanen Umstände in meinem Leben schaue und mir im Augenblick überhaupt nichts einfällt, wie ich diese Situation verändern kann, dann erinnere ich mich an einen Satz von Jesus im Lukasevangelium (Luk. 18, 27): „Was für Menschen unmöglich ist, ist für Gott möglich."

Wir machen immer wieder den Fehler, dass wir Gott auf unsere Ebene herunterziehen und seine Möglichkeiten und Fähigkeiten darauf begrenzen, was wir uns als möglich vorstellen. Aber das ist falsch. In Jesaja 55, 8-9 sagt Gott zu uns: „Meine Gedanken sind nicht eure Gedanken und eure Wege sind nicht meine Wege. So hoch der Himmel über der Erde ist, so hoch erhaben sind meine Wege über eure Wege und meine Gedanken über eure Gedanken."

Je mehr ich im Wort Gottes lese und je länger ich meinen Glauben im Alltag lebe, umso leichter fällt es mir, auf Gott zu vertrauen und zu hoffen, dass er in allen Situationen den richtigen Weg für mich hat.

Wenn ich dann auch noch an vielen Stellen in der Bibel lese, dass Gott uns liebt, wie zum Beispiel in Johannes 3, 16: „Denn Gott hat die Welt so sehr geliebt, dass er seinen einzigen Sohn hingab, damit jeder, der an ihn glaubt, nicht zugrunde geht, sondern das ewige Leben hat.", dann weiß ich genau, dass es gut ist, meine ganze Hoffnung auf diesen Gott zu setzen.

Jesus sagt am Ende des Matthäus- Evangeliums, dass ihm alle Macht gegeben ist im Himmel und auf Erden. Im selben Buch sagt er im Kapitel 10, dass kein Haar von unserem Kopf fällt, ohne dass Gott es zulässt.

Wenn ich diese Aussagen der Bibel zusammenführe, dass Jesus alle Macht gegeben ist im Himmel und auf Erden, dass ihm nichts unmöglich ist, dass er mich liebt und dass ich ihm so wichtig bin, dass er sogar weiß, wie viele Haare ich auf dem Kopf habe, dann rechtfertigt dieser Gott jede Hoffnung, die ich auf ihn setze.

Das Wort Gottes ist voll von Verheißungen für unser Leben, die sehr hoffnungsvoll stimmen. Es ist allerdings wichtig, dass wir diese Verheißungen kennenlernen und das funktioniert nur, wenn wir uns die Zeit nehmen, die Bibel zu lesen und so zu erfahren, was Jesus uns alles verspricht. Die Bibel ist kein Buch, das man in einem Stück von vorne bis hinten durchliest, wie einen Roman. Ich genieße sie häppchenweise wie ein gutes Essen. Manchmal ist es nur ein Satz, an dem ich mich festbeiße und ihn hin und her kaue, bis ich ihn begriffen habe. Es geht dabei überhaupt nicht um Leistung –jeden Tag mindestens ein Kapitel-, sondern darum, den Inhalt wirklich aufzunehmen. Ein guter Weg dafür ist auch, in einer Gruppe gemeinsam einen Text aus der Bibel zu lesen und sich dann darüber auszutauschen, was jeder darunter verstanden hat. Dabei entsteht ein bunter Strauß von Ideen, der allen Beteiligten zu einem besseren Verständnis verhilft. Ich bin immer wieder begeistert, wie das Wort Gottes zu jedem einzelnen unterschiedlich spricht.

31. JESUS LEBT

Neulich habe ich einen Autoaufkleber gesehen, der mir gut gefallen hat. Dort stand:

„Wenn dein Gott tot ist, nimm meinen. Jesus lebt!"

Das erlebe ich täglich, ja stündlich in meinem Leben, dass Jesus lebt, dass Er meine Bedürfnisse, meine Probleme kennt und dass Er darauf eingeht und reagiert. Die Voraussetzung dafür ist allerdings, dass ich Ihm Raum in meinem Leben gebe, mich nach Ihm ausstrecke und nach Seinem Willen für mein Leben frage. In der letzten Denkpause habe ich über das Gleichnis vom verlorenen Sohn geschrieben. Solange dieser Sohn sein eigenes Leben unabhängig von seinem Vater leben wollte, war der Vater für ihn tot. Erst nachdem er erkannt hatte, dass diese Trennung für ihn sehr nachteilig ist, kehrte er zum Vater zurück und der konnte sagen: „Dieser mein Sohn war tot, jetzt ist er wieder lebendig geworden." Es ist also eine Frage der gegenseitigen Wahrnehmung, ob Gott für uns tot ist, oder ob wir für Ihn tot sind. Dabei kommt es aber immer nur auf unsere Entscheidung an. Gott ist immer derselbe. Er steht immer mit ausgestreckter Hand da und wartet darauf, dass wir uns Ihm zuwenden. In dem Augenblick, wo wir das tun, beginnt das wahre Leben für uns. Dabei ist es egal, wie unser früheres Leben ausgeschaut hat. Im Brief an die Epheser (2, 4-5) schreibt Paulus:

„Doch Gottes Erbarmen ist unbegreiflich groß! Wir waren aufgrund unserer Verfehlungen tot, aber Er hat uns so sehr geliebt, dass Er uns zusammen mit Christus lebendig gemacht hat."

Und wenn wir diesem Gott Raum in unserem Leben geben, erleben wir, wie lebendig Er ist. Er kennt uns besser, als wir selbst uns kennen und Er weiß, was wir brauchen und was gut für uns ist. Da kann es schon einmal passieren, dass wir uns etwas unbedingt einbilden, aber so sehr wir auch dafür beten, wir bekommen es nicht. Gott ist ein wunderbarer

Vater und genauso, wie wir weltlichen Väter unseren Kindern manchmal irgendwelche Wünsche verwehren müssen, weil wir eine weitere Sicht haben und wissen, dass die Erfüllung des Wunsches negative Folgen für unser Kind haben können, so tut es Gott auch. Dabei hat Er noch eine wesentlich weitere Sicht, als wir sie jemals haben könnten.

Aber nicht nur dadurch erkennen wir, dass Gott lebt, sondern auch darin, dass Er uns oft Dinge schenkt, oder gelingen lässt, mit denen wir gar nicht gerechnet haben. Da heißt es im nächsten Kapitel des Epheserbriefes (3, 20):

„Ihm, der mit seiner unerschöpflichen Kraft in uns am Werk ist und unendlich viel mehr tun kann, als wir erbitten oder begreifen können......"

Ich erlebe es immer wieder, dass tief in mir ein Gedanke oder ein Wunsch schlummert, den ich gar nicht aussprechen mag, weil er mir zu groß erscheint und auf einmal schenkt mir Gott das, ohne dass ich darum gebeten hätte. Wir tun das dann gerne als „Zufall" ab, weil wir es uns einfach nicht erklären können und es ist auch ein solcher, aber der einzige Zufall, den es nach meinem Verständnis gibt und der steht im Matthäusevangelium (Kap. 6, 33):

„Trachtet zuerst nach dem Reich Gottes und nach seiner Gerechtigkeit, so wird euch das alles zufallen." Wenn wir offen für Gottes Wirken in unserem Leben sind, nicht immer nur nach unseren Vorstellungen leben, sondern nach Seinem Willen für uns fragen, erleben wir sehr viele solche „Zufälle". Das Traurige ist, dass wir so sehr auf uns selbst fokussiert sind, dass wir bei den meisten Erfolgen in unserem Leben begeistert davon sind, wie wunderbar wir das wieder geschafft haben und nicht erkennen, dass Gottes Gnade uns dieses Ergebnis geschenkt hat.

Erlebst Du Wunder in deinem Leben? Die meisten tun das nicht, weil sie blind dafür sind und alles als selbstverständlich oder als Ergebnis ihrer eigenen Leistung ansehen. Unser Leben wird so viel bunter und voll Freude, wenn wir mit offenen Augen durch den Tag gehen, die Wunder der Natur als solche erkennen und Gottes Handeln darin sehen. Wenn ich nur die Hände eines Babys anschaue, ist das ein Wunder, wie perfekt sie sind. Ich wünsche Dir offene Augen für die Wunder des lebendigen Gottes.

3 2 . K O M M U N I K A T I O N M I T G O T T

Im 1. Buch Mose, Kap. 1, Verse 26 und 27 lesen wir: „Dann sprach Gott: Lasst uns Menschen machen als unser Abbild, uns ähnlich ... Gott schuf also den Menschen als sein Abbild; als Abbild Gottes schuf er ihn." Gott hat den Menschen höhergestellt, als alle anderen Lebewesen. Er suchte in ihm ein Gegenüber, mit dem er in ständiger Verbindung sein wollte.

Daran hat sich bis heute nichts geändert. Nach dem Sündenfall suchte Gott nach einem neuen Weg, wie er die unterbrochene Verbindung zu uns Menschen wiederherstellen konnte. Dafür hat er sogar seinen einzigen Sohn geopfert, damit alle, die an ihn glauben, gerettet werden und wieder mit ihm verbunden sind.

Und dann hat Gott uns noch etwas Besonderes geschenkt. Er erlaubt uns, ihn Vater zu nennen. Für mich ist die Tatsache, dass ich Gott meinen Vater nennen darf, ein riesiges Geschenk. Es gibt mir vor allem auch immer wieder die Möglichkeit, mein Verhältnis zu Gott zu hinterfragen und zu korrigieren.

Ich muss mir nur mein Verhältnis zu meinen Söhnen anschauen und mir Gedanken darüber machen, was mir daran besonders gefällt und was mich gelegentlich stört. Ich liebe meine beiden Söhne von Herzen und sie mich auch. Wir haben ein sehr offenes Verhältnis, genauso wie Gott es sich auch zwischen mir und ihm wünscht. Wir nehmen uns immer wieder Zeit, miteinander zu reden, auch wenn es meistens nur am Telefon ist. Manchmal bin ich erstaunt darüber, wie offen meine Söhne mit mir über manche Dinge reden, die ich meinem Vater bestimmt nicht gesagt hätte. Aber Gott liebt Offenheit. Er liebt es, wenn wir uns und ihm eingestehen, dass wir einen Fehler gemacht haben. Das ist oft auch leichter, als zwischen dem leiblichen Vater und seinen Kindern. Im Gegensatz zu ihm weiß Gott schon längst, was wir falsch gemacht haben. Aber er will trotzdem, dass wir zu ihm kommen und unsere Fehler eingestehen. Das hilft zum einen unserer

Selbsterkenntnis und zum anderen wirkt es unheimlich befreiend. Es heißt nicht umsonst im 1. Johannesbrief 1, Vers 9: „Wenn wir unsere Sünden bekennen, ist er treu und gerecht; er vergibt uns die Sünden und reinigt uns von allem Unrecht."

Gemeinschaft kann nie einseitig sein. Sie funktioniert nur, wenn beide Seiten daran interessiert sind. Gott hat uns geschaffen, weil er Gemeinschaft mit uns haben wollte. Wir können also davon ausgehen, dass Gott wie der Vater im Gleichnis vom verlorenen Sohn (das könnten auch Töchter sein) sehnsüchtig darauf wartet, dass wir zu ihm kommen, dass wir seine Sehnsucht nach Gemeinschaft teilen.

Stellen Sie sich einmal vor, Sie würden mit Ihrem Ehepartner, Ihrem Freund, Ihrer Lebenspartnerin einmal pro Woche (oft noch seltener) für 45 Minuten zusammen sein und wären dabei auch häufig noch mit Ihren Gedanken an einem ganz anderen Ort, oder würden ständig die Augen verdrehen, weil Sie noch so müde sind. Was glauben Sie wohl, wie lange diese Partnerschaft überleben würde? Sie würden dieses Verhalten wahrscheinlich als eine Zumutung empfinden und hätten damit völlig Recht. Aber Gott muten die meisten von uns eine solche Partnerschaft zu.

Meine Frau und ich haben die ersten vierzig Jahre unseres Lebens auch genauso Gemeinschaft mit Gott gelebt. Als wir dann angefangen haben, Gott mehr Raum in unserem Leben zu geben, mit ihm an sieben Tagen in der Woche 24 Stunden täglich in Verbindung zu sein und ihm Gelegenheit zu geben, uns zu verändern und zu korrigieren, hat unser Leben angefangen, wirklich lebenswert zu werden. Wir haben gelernt, was es wirklich heißt, an ihn zu glauben und ihm zu vertrauen. Gott hat uns in dieser langen Zeit nie enttäuscht. Er hat uns nicht vor Schwierigkeiten bewahrt, aber er hat uns durch schwierige Zeiten getragen. Er hat uns nicht jeden Wunsch erfüllt, aber uns immer den besten Weg geführt. Lesen Sie sein Wort, die Bibel und sie werden feststellen, was wir für einen wunderbaren Gott haben. Nur so können Sie Gott wirklich kennen lernen.

33. DIE ZUNGE

Kennen Sie den gefährlichsten Körperteil, den wir Menschen haben? Es ist unsere Zunge!

Im Kapitel 3 des Jakobusbriefs, Verse 2 ff. lesen wir dazu:

„Wir alle lassen uns ja oft und in vieler Hinsicht etwas zuschulden kommen, am meisten jedoch bei dem, was wir sagen. Wenn jemand sich nie auch nur mit einem Wort etwas zuschulden kommen lässt, ist er ein vollkommener Mensch, der auch jeden anderen Bereich seines Lebens unter Kontrolle halten kann……denkt an ein Schiff: So groß es auch ist und so heftig die Winde sind, denen es ausgesetzt ist, wird es doch von einem winzigen Ruder auf Kurs gehalten … Genauso ist es mit der Zunge: Sie ist nur ein kleines Organ unseres Körpers und kann sich doch damit rühmen, große Dinge zu vollbringen."

Weiter ist die Rede davon, dass die Zunge ist, wie ein Feuer: „…sie setzt die gesamte menschliche Existenz in Brand mit einem Feuer, das die Hölle selbst in ihr entzündet." Es folgt eine Aufzählung von diversen wilden Tieren, die der Mensch gebändigt hat, „…doch die Zunge kann kein Mensch bändigen. Sie ist ein ständiger Unruheherd, eine Unheilstifterin, erfüllt von tödlichem Gift."

Da soll mir noch einer sagen, die Bibel wäre ein veraltetes Buch, das mit der heutigen Realität nichts mehr zu tun hat. Sind diese Aussagen nicht sehr aktuell? Dabei brauchen wir uns gar nicht lange überlegen, auf wen das alles zutreffen könnte. Wir müssen uns nur vor den Spiegel stellen und schon sehen wir einen Menschen, der sich von all dem, was da oben steht, nicht freisprechen kann.

Wir alle sündigen täglich mit unserer Zunge. Umso wichtiger ist es, dass wir uns das, was wir sagen, vorher gründlich überlegen. Wie oft möchte man jemand empfehlen, dass er doch erst das Gehirn einschalten sollte, bevor er den Mund auftut.

Wir könnten ein Leben wie im Paradies haben, wenn wir uns immer an einen Satz halten würden, den Paulus den Ephesern geschrieben hat.

„Kein böses Wort darf über eure Lippen kommen. Vielmehr soll das, was Ihr sagt, gut, angemessen und hilfreich sein; dann werden eure Worte denen, an die sie gerichtet sind, wohltun."

Wir alle neigen eher dazu, andere zu kritisieren, als sie zu loben. Dabei übersehen wir leicht, dass die Fehler, die wir bei anderen erkennen, meistens Dinge betreffen, die bei uns selber nicht in Ordnung sind. Sonst würden sie uns vielleicht gar nicht auffallen. Ich spreche nicht von einer aufbauenden Kritik, die dem anderen helfen soll, besser zu werden, sondern von einer vernichtenden Kritik, die unser Gegenüber schlechtmacht und herunterzieht. Ich habe einmal gelesen, dass wir vor jeder (aufbauenden) Kritik, die wir aussprechen, den Kritisierten für etwas Anderes loben sollten. Dann kann ich davon ausgehen, dass meine Kritik auch als hilfreich empfunden wird.

Ein anderer Punkt ist, dass wir mit jeder Aussage, die wir machen, eine Saat ausbringen und die Bibel sagt uns an vielen Stellen, dass wir das, was wir gesät haben, auch ernten werden. Ich hatte einmal eine Mitarbeiterin, die entgegen meiner Empfehlung immer wieder sagte: „Jedes Mal zu den Feiertagen werde ich krank." Ich denke, es wundert niemanden, dass diese Prophezeiung auch immer zutraf. Der teuerste Satz, den Eltern zu ihren Kindern sagen können, ist: „Aus dir wird nie etwas werden." Die so abgestempelten Nachkommen liegen ihren Eltern in der Regel sehr lange auf der Tasche.

Ich möchte Sie gerne ermutigen, mit der Wahl Ihrer Worte vorsichtiger zu sein. Wenn Sie mit jemandem sprechen, überlegen Sie vorher, ob das, was Sie ihm sagen wollen, wirklich hilfreich und gut für ihn ist, oder ob es ihn womöglich verletzt.

Eine Warnung gibt uns auch das Matthäus-Evangelium, dass wir am Tag des Gerichts Rechenschaft ablegen müssen über jedes unnütze Wort, das wir geredet haben.

34. GESETZ ODER GLAUBE

Gesetz oder Glaube, worauf bauen Sie Ihr Verhältnis zu Gott auf?

Religiosität wird als das Streben des Menschen bezeichnet, Gott durch eigenes Handeln und Verhalten zu erreichen. Das bedeutet, dass ich mich umso intensiver um die Einhaltung aller Gesetze im Sinne der Bibel bemühen muss, je näher ich Gott kommen will.

Gott gab dem Volk Israel durch Mose die zehn Gebote und noch eine ganze Reihe anderer Vorschriften, die im 3. Buch Mose aufgeschrieben sind. Nun waren die Pharisäer bei den Israeliten sehr erfindungsreich, den Menschen außer den Gesetzen, die Mose von Gott gegeben wurden, noch weitere Gesetze als Last aufzulegen. Die Kirchen im Mittelalter standen den Pharisäern da in nichts nach.

Gott ist heilig und durch noch so großes menschliches Bemühen wird es uns niemals möglich sein, ihn durch unser eigenes Streben zu erreichen. Deshalb hat Gott die ganze Sache einfach umgedreht. Weil er wusste, dass wir ihn durch unser noch so gutes Verhalten und durch das größte Bemühen nach Einhaltung aller Gesetze niemals erreichen können, ist er zu uns gekommen in der Gestalt von Jesus Christus.

Jesus hat immer gegen die Gesetzlichkeit der Pharisäer angekämpft und hat sie an den Pranger gestellt. Er sagte zu den Menschen in Matthäus 11, Vers 28 – 30: „Kommt alle zu mir, die ihr euch plagt und schwere Lasten zu tragen habt. Ich werde euch Ruhe verschaffen. Nehmt mein Joch auf und lernt von mir; denn ich bin gütig und von Herzen demütig; so werdet ihr Ruhe finden für eure Seele. Denn mein Joch drückt nicht und meine Last ist leicht."

Die einzige Last, die Jesus uns auflegt, ist eben nicht schwer. Alles, was er von uns will, ist, dass wir an ihn glauben und an den, der ihn gesandt hat, den Vater. Auch hier heißt Glaube wieder nicht, dass wir die Existenz von Jesus und Gott Vater „für wahr halten", sondern dass wir auf ihn in jeder Situation unseres Lebens vertrauen.

Glauben Sie daran, dass Gott allmächtig ist, dass es keine Situation gibt, mit der er nicht fertig wird? Glauben Sie daran, dass Gott Sie so sehr liebt, dass er alles für Sie geben würde, ja schon gegeben hat, nämlich seinen eigenen Sohn? Glauben Sie daran, dass Gott immer bei Ihnen ist, auch in den unangenehmsten, schmerzlichsten Momenten Ihres Lebens und dass er es ist, der Sie in solchen Fällen trägt und tröstet? Glauben Sie daran, dass Gott sehnlichst darauf wartet, dass Sie endlich Ihre Bemühungen aufgeben, alles selber schaffen zu wollen und vertrauensvoll im Glauben zu ihm kommen und bekennen: „Vater, ich schaffe es nicht, bitte mach du es für mich!"

Glauben Sie daran, dass Gott jede einzelne der vielen Verheißungen einhalten wird, die er uns gegeben hat?

Nehmen Sie sich einmal eine Bibel, das Wort Gottes vor und fangen Sie an, darin zu lesen. Wenn Sie keine haben, melden Sie sich bei mir, dann schenke ich Ihnen eine. Bevor Sie anfangen, darin zu lesen, bitten Sie Gott darum, dass er Ihnen durch seinen heiligen Geist hilft, das Gelesene auch zu verstehen. Fangen Sie am besten mit einem der Evangelien im neuen Testament an und sie werden erleben, dass Sie Gott immer besser kennenlernen, bis Sie so begeistert von ihm sind, wie ich. Und je besser Sie ihn kennen, umso leichter fällt es Ihnen auch, ihm voll und ganz zu vertrauen. Er will Ihr Bestes und er wird Sie nie im Stich lassen.

Bedeutet das jetzt, dass wir keine göttlichen Gesetze mehr einhalten müssen, weil wir glauben? Jesus hat gesagt, dass er nicht gekommen ist, um das Gesetz aufzuheben, sondern um es zu erfüllen. Aber durch den Glauben ändert sich Ihre Einstellung. Sie halten die Gesetze nicht mehr ein, weil Sie sich davon einen Platz im Paradies erhoffen, sondern aus Liebe zu diesem wunderbaren Gott, der alles für Sie getan hat und plötzlich ist es viel leichter, Gott zu gehorchen. Es ist keine Pflicht mehr, sondern eine Freude.

35. NUR EINE KONFESSION

John Wesley ist der Begründer der Methodistenkirche in England. Eines nachts träumte er, er wäre gestorben und auf dem Weg in die Ewigkeit. Da kam er zu einem mächtigen Portal und fragte: „Ist hier der Himmel?" „Nein, die Hölle." Bekam er zur Antwort. Er erschrak, fragte aber weiter: „Gibt es darin Leute aus der Lutherischen Kirche?" „Ja, sehr viele." „Auch Katholiken?" „Sehr viele." Da dachte Wesley an seine eigene Kirche und fragte: „Gibt es hier auch Methodisten?" Wieder ertönte die Antwort: „Ja, sehr viele!" Entsetzt eilte er zur Himmelspforte. Hastig stieß er hervor: „Gibt es im Himmel Methodisten?" „Nein, keinen einzigen!" „Aber doch Katholiken und Lutheraner?" „Nein, keinen." „Und vielleicht Reformierte und Baptisten?" „Nein, keinen einzigen!" Voller Schrecken rief er aus: „Ja, was für Leute sind denn im Himmel?" Da hörte er die Antwort: „Hier gibt es nur arme Sünder, die durch das Blut Jesu gerecht geworden sind!"

Im Himmel gibt es nur eine Konfession, das Bekenntnis zu dem einen Herrn und Heiland, der uns verlorene Menschen erlöst und gerettet hat.

Diese Geschichte stammt aus dem Buch „Überlebensgeschichten für jeden Tag" von Axel Kühner. Sie hat mich sehr berührt und deshalb will ich sie gerne mit Ihnen teilen.

Wir machen uns in diesen Tagen sehr viele Gedanken und Sorgen über das Fortschreiten des Islam auch in unserem Land. Dabei liegt das Problem weniger bei den Islamisten, als bei den Christen.

Es gibt heute in der Welt ungefähr 33.000 verschiedene Denominationen (lt. Wikipedia „eine unter einem eigenen Namen auftretende Glaubensgemeinschaft mit eigener Tradition und Identität). Das wäre weiter kein Problem, wenn sich alle auf die Wurzel ihres christlichen Glaubens konzentrieren würden. Hier liegt der gemeinsame Nenner für alle Christen, in dem Glauben, dass Jesus Christus auf diese Welt kam, dass er sein Leben für uns hingegeben hat, damit wir vor Gott gerecht und frei von Schuld sein können, dass Jesus Christus von den Toten auferstanden ist, aufgefahren zum Vater in den Himmel und dass er wiederkommen wird, um Gericht zu halten.

Aber die meisten Christen schauen nicht auf diese Gemeinsamkeit, die uns gegeben ist, sondern auf irgendwelche unbedeutenden Unterschiede in der Auslegung unseres Glaubens. Das geht so weit, dass sie den Menschen anderer Konfessionen und Denominationen den Glauben absprechen, nur weil sie einzelne Dinge anders sehen oder leben.

„Gottes Gegenwart ist das, was uns verbindet, nicht die Doktrin. Wenn du akzeptierst, dass Jesus in mir lebt und ich akzeptiere, dass Jesus in dir lebt, dann reicht das völlig. Denn wenn wir einmal in der Ewigkeit sind, wird Gott alle unsere Denominationen auflösen. Deshalb ist die Einheit der Christen die Grundlage unserer Glaubwürdigkeit. Die Welt wird solange nicht glauben, bis wir eins sind." (Tony Palmer in Joelnews)

Nur dadurch, dass wir unsere Kritik und Ablehnung den anderen Christen gegenüber aufgeben und auf unsere Gemeinsamkeiten schauen, kommen wir zur Einheit. Vielfalt ist etwas Göttliches, Spaltung ist teuflisch.

Dass das funktionieren kann, haben Christen in aller Welt immer wieder demonstriert. Eines der bekanntesten Beispiele ist die Stadt Cali in Kolumbien. Hier waren die Drogenkartelle besonders groß und mächtig. Ein Pastor, der offen gegen diese Zustände predigte, wurde von den Drogenbossen erschossen. Eine schreckliche Tat, aber die Grundlage für eine wunderbare Entwicklung. Plötzlich trafen sich die Pfarrer und Gemeindeleiter aller Denominationen in Cali und beschlossen, sich zu vereinen und gemeinsam zu beten. In der Folge fanden Gebetsnächte im Fußballstadion von Cali statt, die so groß waren, dass das Stadion gar nicht für alle reichte. Cali, einst Drogenhauptstadt von Kolumbien, ist heute im Drogenhandel völlig unbedeutend.

Jesus sagte: „Ich gebe ihnen die Herrlichkeit, damit sie eins seien. (Joh. 17,22)

36. CHRISTUS IST DIE NR. 1

Der indische Evangelist Sundar Singh hat einmal gesagt:

„Christus ist die Nummer eins. Stellen wir die Eins an die Spitze und fügen nach rechts hin eine Anzahl Nullen an, so wird die Zahl immer größer, denn die Eins steht an der Spitze. Setzen wir aber die Nullen nach links hin an, dass die Eins am Schluss steht, werden alle diese Nullen bedeutungslos bleiben. Christus ist die Eins. Wer ihn ans Ende stellt, bleibt eine hoffnungslose Null. Wer ihn an die Spitze stellt, wird aufgewertet und wichtig."

Ich liebe solche bildhaften Geschichten, weil ich sie auf jede Lebenslage anwenden kann. Einer der Verse, die mich in der Bibel am meisten herausgefordert haben, steht in Matthäus 6. Da ist erst davon die Rede, dass wir uns nicht darum sorgen sollen, dass wir etwas zu essen, zu trinken und anzuziehen haben. Gott wird uns damit versorgen. Und dann heißt es in Vers 33:

„Es soll euch zuerst um Gottes Reich und Gottes Gerechtigkeit gehen, dann wird euch das Übrige alles dazugegeben."

Das klingt zunächst ganz einfach. Wenn ich dann aber anfange, diesen Grundsatz in die Tat umzusetzen, bringt es mich immer wieder in Konflikte. Was bedeutet es für meine konkrete Lebenssituation, mich zuerst um das Reich Gottes und um seine Gerechtigkeit zu kümmern. Ich lebe in dieser Welt und bin ihren Regeln ausgesetzt, und die Regeln dieser Welt sind mit den Regeln des Reiches Gottes nicht gerade immer deckungsgleich. Am leichtesten ist es noch, wenn die weltlichen Regeln den göttlichen direkt widersprechen. Dann ist für mich klar, dass ich mich als überzeugter Christ nach den göttlichen Regeln richten muss, auch wenn ich damit bei vielen Menschen in meiner Umgebung auf Unverständnis und Hohn stoße. Hier muss für mich Jesus, die Nummer eins, vorne stehen und nicht mein persönlicher Vorteil, oder ein zweifelhaftes Vergnügen.

Wesentlich schwieriger wird es in den Grauzonen, den Bereichen in meinem Leben, wo sich die weltlichen und die göttlichen Ordnungen nicht direkt entgegenstehen, wo ich aber trotzdem weiß, dass der göttliche Weg besser ist als meine persönlichen Vorstellungen.

Kennen Sie auch solche Situationen, wo Ihnen eine innere Stimme sagt, dass Sie etwas Bestimmtes tun sollten. Dieses Tun ist aber mit Mühen verbunden, die ich nicht gerne auf mich nehmen will, oder mit irgendwelchen unpopulären Handlungen, von denen ich weiß, dass ich dafür von der Mehrzahl der Leute im besten Fall belächelt werde. Obwohl ich genau weiß, dass es am besten für mich ist, hier meiner inneren Stimme zu folgen, habe ich in solchen Fällen immer wieder große Kämpfe auszustehen. Oft gehe ich dann irgendwelche Kompromisse ein, die noch viel mühsamer sind, als der richtige Weg und entsprechend auch nicht zum Ziel führen. Es dauert leider manchmal bei mir immer noch lange, bis ich endlich begreife, dass es auch in dieser Situation für mich das Beste ist, Jesus von Anfang an die erste Stelle einzuräumen und den Weg zu gehen, den er für mich vorgesehen hat. Er hat einfach die bessere Übersicht und ich weiß genau, dass er mein Bestes will.

Wir müssen doch auch unseren Kindern manchmal etwas verbieten, was sie sich unbedingt einbilden, weil wir als Eltern den weiteren Blick haben und genau wissen, dass es später schlecht ausgehen kann, wenn wir den Kindern im Moment das erlauben, was sie wollen.

Ich wünsche Ihnen, dass Sie voll und ganz auf den Vater im Himmel und auf Jesus vertrauen. Ich kann Ihnen versichern, dass er am besten weiß, was gut für uns ist und dass er unser Bestes will. Es lohnt sich, Jesus an die erste Stelle zu setzen und alles, was wir tun, darauf aufzubauen. Gottesfurcht ist wichtiger als Menschenfurcht. Wenn das, was ich tue, Gott gefällt, ist es mir egal, ob andere darüber lachen.

Machen Sie Jesus zur Nummer eins in Ihrem Leben, denn „ein halber Christ ist eine ganze Dummheit" hat einmal ein kluger Mensch gesagt.

37. GOTT HAT ALLES FÜR UNS GEGEBEN

Karfreitag ist für mich einer der wichtigsten Feiertage. Dazu gibt es einen Vers in der Bibel, der mich immer wieder stark berührt. Er steht in 2. Korinther 5, Vers 21:

„Den, der ohne jede Sünde war, hat Gott für uns zur Sünde gemacht, damit wir durch die Verbindung mit ihm die Gerechtigkeit bekommen, mit der wir vor Gott bestehen können."

Wir Menschen sind Gott so wichtig, dass er dem Liebsten, was er hatte, seinem eigenen Sohn, der vollkommen sündenfrei war, unsere ganzen Sünden aufgeladen hat, damit wir gerettet werden können. Wie sehr muss Gott Sie und mich lieben, dass er solch ein Opfer bringt. Ich bin mir dessen bewusst und kann nur immer wieder sagen: „Danke, danke, danke, lieber Vater, lieber Herr Jesus, dass Du das für mich getan hast."

Jesus, der als einziger vor Gott gerecht war und alleine vor Ihm bestehen konnte, hat uns gerecht gemacht und uns damit den Weg zum Vater geebnet. Ein größeres Geschenk kann uns niemand machen. Jesus ist unser Freund geworden und er sagt selbst in Johannes 15, Vers 13-14: „Niemand liebt seine Freunde mehr als der, der sein Leben für sie hergibt. Ihr seid meine Freunde, wenn ihr tut, was ich euch gebiete."

Jesus bietet uns also seine Freundschaft an, aber er biedert sich nicht an, sondern er hat seine Bedingungen. Er will zum einen, dass wir die Verbindung zu ihm halten (2.Kor.5, 21) und zum anderen, dass wir ihm gehorsam sind (Joh.15, 14).

Der Vater und Jesus hat alles für uns gegeben, aber er sehnt sich nach Gemeinschaft mit uns. Dafür hat Gott uns geschaffen, damit wir Gemeinschaft mit ihm haben und ich kann Ihnen sagen, es gibt nichts Schöneres, als in Gemeinschaft mit Ihm zu leben. Ich wollte um nichts in der Welt mehr darauf verzichten.

Was heißt das jetzt, in Gemeinschaft mit Jesus zu leben? Das ist in keiner Weise kompliziert. Genauso, wie Sie Gemeinschaft mit Ihrem Mann bzw. mit Ihrer Frau haben, können Sie das auch mit Jesus. Es bedeutet einfach, Zeit miteinander zu verbringen. Ihre Ehe wird kaum erfüllend und glücklich sein, wenn Sie sich ständig aus dem Weg gehen und nicht miteinander reden. Genauso ist es mit Ihren Freunden. Wenn Sie keinen Kontakt mit ihnen halten, sich treffen, oder wenigstens miteinander telefonieren, wird die Freundschaft bald einschlafen.

Bei der Gemeinschaft mit Jesus ist es auch so. Am besten ist es, wenn Sie sich eine bestimmte Zeit für jeden Tag aussuchen, die ganz Jesus gehört. Das kann gleich am Morgen sein, wie bei mir, am Abend vor dem Essen oder irgendwann zwischendrin, wo es am besten passt. Nehmen Sie sich Zeit, um mit Ihrem Vater bzw. mit Jesus zu reden. Besprechen Sie alles mit Ihm, was Sie freut, was Sie bedrückt, was Ihnen Schwierigkeiten bereitet, oder was Ihnen unklar ist. Machen Sie sich immer klar, dass Gott alles über Sie weiß. Sie brauchen Ihm nichts zu erklären, oder sich rechtfertigen. Er kennt Sie besser, als Sie sich selbst. Ich tue mich dabei immer leichter, mit Jesus zu reden, weil der Vater für mich absolut heilig ist und Jesus schließlich gesagt hat, dass er mein Freund ist.

Zudem ist Jesus mein Anwalt bei Gott. In der Schweiz heißen die Anwälte Fürsprecher. Das gefällt mir sehr gut, denn einen solchen Fürsprecher habe ich in Jesus. Im 1. Johannesbrief 2, Vers 1 schreibt Paulus:

„Meine lieben Kinder, ich schreibe euch diese Dinge, damit ihr nicht sündigt. Und wenn jemand doch eine Sünde begeht, haben wir einen Fürsprecher, der beim Vater für uns eintritt: Jesus Christus, den Gerechten."

Außerdem sollten Sie bedenken, dass eine gute Gemeinschaft vom Dialog lebt. Wenn immer nur einer redet, kann das auf Dauer auch nicht gut gehen. Geben Sie also Jesus die Gelegenheit, auch zu Ihnen zu sprechen. Das kann auf unterschiedliche Weise gehen. Seien Sie einfach beim Beten zwischendrin eine Zeit still und hören auf Gott. Er spricht in Ihre Gedanken hinein und gibt Ihnen dadurch Antworten.

Außerdem ist es wichtig, regelmäßig Bibel zu lesen. Die Bibel ist ein Liebesbrief Gottes an uns und sie gibt Antwort auf viele Fragen.

38. GOTT UND FLÜCHTLINGE

In der letzten Denkpause habe ich geschrieben, dass die Bibel ein Liebesbrief Gottes an uns ist.

Genauso ist sie aber auch eine Gebrauchsanweisung für unser Leben. Für sämtliche Geräte, die wir benutzen, haben wir Gebrauchsanweisungen, nur für den komplexesten und schwierigsten Bereich, wie wir unser Leben richtig in den Griff bekommen, nutzen wir meistens keine Gebrauchsanweisung, wobei wir übersehen, dass uns eine wunderbare Anleitung zur Verfügung steht, die aber nur die wenigsten von uns richtig nutzen, nämlich die Bibel, Gottes Wort für uns.

In diesem Buch las ich einen Abschnitt, der sehr gut zu der Situation in unserem Land passt, die vielen von uns immer wieder Schwierigkeiten bereitet, das Flüchtlingsproblem.

Wenn Sie Schwierigkeiten mit diesem Thema haben, dann lassen Sie sich doch einmal den folgenden Abschnitt aus dem Jakobusbrief (Kap.2, Vers 15-17) durch den Kopf gehen:

„Angenommen, ein Bruder oder eine Schwester haben nicht genügend anzuziehen, und es fehlt ihnen an dem was sie täglich zum Essen brauchen. Wenn nun jemand von euch zu ihnen sagt: „Ich wünsche euch alles Gute! Hoffentlich bekommt ihr warme Kleider und könnt euch satt essen!", aber ihr gebt ihnen nicht, was sie zum Leben brauchen- was nützt ihnen das? Genauso ist es mit dem Glauben: Wenn er keine Taten vorzuweisen hat, ist er tot; er ist tot, weil er ohne Auswirkung bleibt."

Kennen Sie solche Situationen, in denen Sie in einer Notsituation waren und Ihre Nachbarn und Bekannten hatten zwar fromme Sprüche für Sie, aber keiner ist aktiv geworden, um Ihnen wirklich zu helfen?

Ich kenne eigentlich niemanden, der zumindest offen zugibt, dass ihn die Situation der Bevölkerung in den Krisengebieten Syrien, Irak, Afghanistan, Somalia, Nigeria und vielen anderen Regionen kalt lässt. Jeder sagt, dass man diesen Leuten helfen müsste, aber das Problem sollte ihnen nach Möglichkeit nicht zu nahekommen. Dabei haben wir gerade hier die Möglichkeit, ein Beispiel für unseren christlichen Glauben zu geben.

Im Kap. 25 des Matthäusevangeliums geht es um das Gericht über die Völker und da sagt Jesus zu den Gerechten:

„…ich war hungrig und ihr habt mir zu essen gegeben; ich war ein Fremder und ihr habt mich aufgenommen; ich hatte nichts anzuziehen, und ihr habt mir Kleidung gegeben…"

Als die Leute dann verwundert fragen, wann denn das geschehen ist, sagt Jesus:

„Ich sage euch: Was immer ihr für einen meiner Brüder getan habt – und wäre es noch so geringgeachtet gewesen -, das habt ihr für mich getan."

Unser Vater im Himmel will, dass es allen seinen Kindern gut geht und er will, dass diejenigen, denen es bessergeht, als anderen, Verantwortung für ihre Nächsten übernehmen, etwas von ihrem Überfluss abgeben und mit denen teilen, denen es schlechter geht.

Das Elend in dieser Welt ist weder von Gott gewollt, noch von Ihm verursacht. Schuld an diesem Elend sind ausschließlich Menschen, die durch ihren Egoismus und durch ihre Gier, teilweise auch nur durch ihre Gedankenlosigkeit dafür sorgen, dass die Ressourcen so ungerecht verteilt sind.

Sie und ich, wir können das Elend und die Ungerechtigkeit in der Welt nicht beenden, aber wir können in unserem Leben etwas ändern, indem wir uns auf Gottes Wort besinnen und unser Verhalten danach ausrichten. Wir können den Flüchtlingen, die zu uns kommen, freundlich begegnen, ihnen Kleidung geben oder auch andere Dinge für den täglichen Bedarf, ihnen das Gefühl geben, dass sie uns willkommen sind. Dadurch sammeln wir Schätze im Himmel. In Math. 6, 19-21 heißt es: „Sammelt euch keine Reichtümer hier auf der Erde, wo Motten und Rost sie zerfressen und wo Diebe einbrechen und sie stehlen. Sammelt euch stattdessen Reichtümer im Himmel, wo weder Motten, noch Rost sie zerfressen...Denn wo dein Reichtum ist, da wird auch dein Herz sein."

39. JESUS ALLEIN GENÜGT

Der moderne Mensch hat sich weit von Gott entfernt. Die Forschung ist so weit vorgedrungen, dass sie der festen Überzeugung ist, dass dem Menschen alles möglich ist, er muss sich nur darum bemühen. Gott wird dabei nicht mehr gebraucht.

Aber Paulus schreibt in seinem 1. Brief an die Korinther (Kap. 1, Vers 25): „…denn die Torheit Gottes ist weiser, als die Menschen sind, und die Schwachheit Gottes ist stärker, als die Menschen sind."

Ob wir es glauben, oder nicht, Gott hat diese Welt geschaffen und er regiert sie und er hat seinen eigenen Sohn auf diese Welt geschickt, um uns zu retten. In Jesus reicht er uns die Hand, um uns aus dem Sumpf zu ziehen, in den wir uns immer wieder selber bringen, solange wir uns auf uns selbst, auf unsere Kraft und unsere Fähigkeiten verlassen. Nur wenn wir fest mit Jesus verbunden sind, haben wir eine Chance, zu bestehen.

In Johannes 15, Vers 5 sagt Jesus: „Ich bin der Weinstock, ihr seid die Reben. Wer in mir bleibt und ich in ihm, der bringt viel Frucht; denn ohne mich könnt ihr nichts tun." Ich brauche keine Nothelfer und keine Fürsprecher, sondern allein Jesus, der vor dem Vater für mich eintritt. Theresa von Avila hat in einer Andacht dazu geschrieben:

"… der Rebzweig ist nichts ohne die lebendige Einheit mit dem Weinstock. Nur wer in der Einheit lebt, hat das Leben. Die Mahnung „Bleibt in mir!" (15,4) wird in 15,9 ergänzt und verdeutlicht durch das Wort: „Bleibt in meiner Liebe!"; in 15,17 heißt es dafür: „Liebt einander!" Die Liebe, die hier gemeint ist, ist die Treue des Glaubens; nur der liebende Glaube ist fruchtbar. Der Glaube kommt vom Hören und Aufnehmen des Wortes; in Jesus spricht uns Gott selbst an und fordert uns. Das Wort macht uns rein (15,3): nicht dadurch, dass wir es auseinandernehmen und untersuchen, sondern dadurch, dass wir unser zwiespältiges Leben von der Kraft des Wortes Jesu sammeln und verwandeln lassen."

Das ist unser Ziel bei unserem Bibelgesprächskreis, dass wir fragen, was das Wort Gottes für uns persönlich bedeutet und wie wir uns dadurch verändern lassen können.

Doch zurück zur Liebe. Jesus sagt in Johannes 15, Vers 13: „Niemand hat größere Liebe als die, dass er sein Leben lässt für seine Freunde."

Jesus hat alles für uns gegeben, aber wir können die Auswirkungen dieses Opfers nur erfahren, wenn wir eng mit ihm verbunden sind, wenn wir ihm im Glauben alles zutrauen.

Ich gebe zu, dass es demütigend für uns ist, nicht auf unsere eigenen Fähigkeiten zu vertrauen und alles von Jesus zu erwarten, der sagt: „… ohne mich könnt ihr nichts tun."

Das bedeutet nicht, dass Gott uns unsere Fähigkeiten umsonst geschenkt hat. Er will, dass wir diese einsetzen, aber nicht nach unserem eigenen Gutdünken, sondern in der Form, wie er es uns sagt.

Ich stelle immer wieder fest, wie wunderbar es ist, dass wir bei Gott nicht gleich perfekt sein müssen, sondern dass wir üben dürfen. Wichtig ist nur unsere Bereitschaft, Jesus zu vertrauen und unser Wunsch, ihn besser kennenzulernen. Wie könnten wir ihn besser kennenlernen, als durch das Lesen seines Wortes. Je mehr wir hier das Wesen von Jesus erkennen, umso leichter fällt es uns auch, an ihn zu glauben und ihm zu vertrauen. In unserem Verstand können wir erkennen, dass Gott nur unser Bestes will, aber diese Erkenntnis muss in unser Herz fallen, damit wir wirklich glauben können. Der Glaube ist wie ein Muskel. Wenn wir mehrmals pro Woche im Fitnessstudio trainieren, werden unsere Muskeln wachsen. Wenn wir uns auf Gott einlassen, in der Bibel sehen, was er alles für uns getan hat und in der Praxis erfahren, wie unsere Gebete erhört werden und wie er Dinge zum Besten hinausführt, dann wächst unser Glaube. Geben Sie Jesus eine Chance und Sie werden die wunderbarsten Dinge in Ihrem Leben sehen!

40. GOTTES SICHT ZU MIGRATION

Seit langem scheint es nur ein einziges Thema zu geben, über das gesprochen wird und das ist die aktuelle Völkerwanderung. Dabei werden in Leserbriefen und Kommentaren diejenigen, die die Situation aus der Sicht des christlichen Glaubens betrachten, gerne als religiöse Träumer hingestellt.

Ich würde dagegenhalten und sagen, dass sie die einzigen sind, die die Situation realistisch einschätzen. Als ich vor kurzem in einer stillen Stunde über die aktuellen Probleme nachdachte, fielen mir zwei Bibelstellen ein:

Die eine steht im Matthäusevangelium, Kap 25, 35ff: Da sagt Jesus: „Ich war hungrig und ihr habt mir zu essen gegeben; ...ich war ein Fremder, und ihr habt mich aufgenommen; ....Dann werden ihn die Gerechten fragen: Herr, wann haben wir dich denn hungrig gesehen und dir zu essen gegeben?.....Darauf wird der König ihnen antworten: Ich sage euch: Was immer ihr für einen meiner Brüder getan habt – und wäre es noch so gering geachtet gewesen - , das habt ihr für mich getan."

Der andere Vers steht in den Sprüchen Salomos (Sprüche 11, 24-25): „Einer teilt reichlich aus und hat immer mehr; ein andrer kargt, wo er nicht soll und wird doch ärmer. Wer reichlich gibt, wird gelabt, und wer reichlich tränkt, der wird auch getränkt werden."

Wenn ich diese beiden Bibelstellen durchdenke, kann ich zu Politikern, die sich für Migranten einsetzen, nur sagen: Ihr habt weise gehandelt und Gott wird euer Handeln belohnen.

Was dabei herauskommt, wenn wir nur nach menschlich rationalen Gesichtspunkten handeln, sehen wir in Ungarn, wo hohe Zäune und Mauern gebaut werden und immer wieder Angst und Gewalt herrschen.

Es ist mir völlig klar, dass wir in eine Ausnahmesituation gekommen sind und dass es so nicht beliebig weitergehen kann. Ich beneide diejenigen, die über das weitere Vorgehen zu entscheiden haben, wirklich nicht. Eine klare Lösung, die zumindest für die meisten Beteiligten zufriedenstellend ist, sehe ich nicht. Immer ist ein großer Teil benachteiligt, bzw. im Falle der Flüchtlinge verzweifelt.

Wir Menschen kommen sehr schnell an unsere Grenzen und wissen nicht mehr weiter. Unsere Reaktionen sind dann immer wieder recht fragwürdig.

Gott kennt keine Begrenzungen, er ist allmächtig. Das bedeutet, dass er auch für die schwierigste Situation eine Lösung hat. Unser Problem als Menschen ist es, dass wir das nicht anerkennen wollen oder können. Wir glauben, dass wir alles selber schaffen müssen und richten damit sehr viel Unheil an.

Jetzt ist es Zeit, dass wir unsere Begrenzungen erkennen, dass wir anfangen zu beten und Gott um eine Lösung zu bitten, die allen Seiten gerecht wird. Deutschland hat durch sein bisheriges Handeln bewiesen, dass es bereit ist, nach christlichen Gesichtspunkten zu handeln. Wir haben den Hungrigen zu essen gegeben und wir haben die Fremden aufgenommen. Gott sieht das mit Freude und er wird es belohnen. Er will unser Bestes und er sieht genau, dass wir an unsere Grenzen stoßen und ich bin mir sicher, dass Gott uns niemals überfordert. Er fordert manchmal mehr von uns, als wir glauben, leisten zu können. Aber er kennt unsere Grenzen eben besser als wir selbst und deshalb geht er manchmal einen Schritt weiter, als wir für möglich gehalten hätten, aber nie zu weit.

Auch die Sorge um eine Islamisierung unseres Landes sehe ich als unbegründet an. Die islamisch regierten Länder in der Nachbarschaft der Flüchtlinge sind nicht bereit, ihren Glaubensgeschwistern zu helfen, das tun die Christen in unseren Ländern. Die Menschen, die vor dem religiösen Fanatismus in ihrer Heimat fliehen müssen, erleben, wie sie von anderen Moslems abgelehnt werden, von den Christen aber mit Nächstenliebe aufgenommen werden. Wenn wir dann zu unserem Glauben stehen und ihn leben, machen wir die anderen eher neugierig. Auch wenn es banal klingen mag, wir können unserer Regierung am meisten helfen, wenn wir Gott im Gebet um Hilfe anrufen. Viele Beispiele aus der Geschichte zeigen, wie Gebet Gottes Arm bewegt hat.

41. WAS ERWARTET GOTT VON UNS

Es ist immer wieder interessant, was unsere Mitmenschen, besonders diejenigen, die eher kirchenfern sind, für Vorstellungen haben, wie sich ein Christ zu verhalten hat.

Für mich ist es wesentlich interessanter, was Gott von mir erwartet. Haben wir einen Gott, der mit strengem Blick über uns wacht und strikt darauf achtet, ob wir wieder einmal einen Fehler gemacht haben, damit er uns entsprechend bestrafen kann? Oder haben wir einen liebevollen Vater, der auf uns achtet, uns beschützt, der versucht, uns auf den richtigen Weg zu bringen, damit wir weniger Fehler machen?

Im Alten Testament gibt es beim Propheten Micha einen Satz, der klar ausdrückt, was Gott von uns erwartet. Dort heißt es (Micha 6, Vers 8):

„Es ist dir gesagt, Mensch, was gut ist und was der Herr von dir fordert, nämlich Gottes Wort halten und Liebe üben und demütig sein vor deinem Gott."

Die Bibel ist ein Liebesbrief Gottes an uns. Was er uns darin sagt, soll uns nicht einschränken und gängeln, sondern es ist eine Leitlinie, die uns helfen soll, im Leben besser zu Recht zu kommen. Nimm nur ein Beispiel: Eine der wichtigsten Aussagen der Bibel ist, dass wir einander nichts nachtragen sollen, sondern dass wir Unrecht, das uns zugefügt wurde, vergeben sollen. Ein Freund von mir nannte die Vergebung einmal „positiven Egoismus". Vergebung nützt nämlich in erster Linie nicht dem, dem vergeben wird, sondern dem, der vergibt. Solange ich jemand anderem etwas nachtrage, belaste ich mich im besten Sinne des Wortes selber, ich trage eine Last. Ich baue in mir selber einen Groll, oder sogar einen Hass auf, der auf mir lastet und mir das Leben schwermacht. Der andere merkt teilweise noch nicht einmal etwas davon. In dem Augenblick, wo ich dem anderen vergebe, lasse ich nicht nur ihn, sondern auch meine ganze Last los und werde frei. Gott will unsere Freiheit, deshalb ist es ihm so wichtig, dass wir vergeben.

Da ist aber auch noch die Rede davon, dass wir demütig sein sollen vor unserem Gott. Demut ist ein Wort, das so gar nicht in unsere moderne Welt passen will. Die Welt erzählt uns immer wieder, dass es wichtig ist, dass unsere Bedürfnisse und Vorstellungen befriedigt werden. Ich bin das Maß der Dinge und mir soll es gut gehen. Immer wieder taucht die Frage auf: „Was bringt es mir?" Werde ich auch gebührend wahrgenommen und gut behandelt?

Viel besser ist die Frage. „Was will Gott, wie ich mich verhalte, was ich tue, welche Wege ich gehe." Wenn es stimmt, dass Gott unser Bestes will – und davon bin ich überzeugt -, dann sind doch die Wege, die er für uns hat, die besten! Dann ist es doch ganz wichtig, zu erfahren, was er für mich will. Aber dazu ist es erforderlich, dass ich von meinem Thron herabsteige und ihm diesen Platz einräume. Dann muss ich aufhören, mich selbst als den Nabel der Welt und die wichtigste Person der Geschichte zu halten und muss anerkennen: „Ja Herr, Du weißt es besser und ich vertraue mich dir voll und ganz an."

Dieser Schritt ist unbedingt erforderlich, damit ich mich selbst nicht mehr so wichtig nehme, und wenn ich das geschafft habe, dann bin ich auch nicht mehr so verletzlich, wenn andere mit mir nicht unbedingt liebevoll umgehen und kann viel schneller vergeben. Damit erlange ich eine völlig neue Freiheit.

Gott will, dass wir Liebe üben, sowohl ihm gegenüber, als auch unseren Mitmenschen und uns selbst gegenüber. Das ist das wichtigste Gebot, das er uns gegeben hat. Er weiß aber auch genau, dass wir uns damit manchmal etwas schwertun, dass wir Tage haben, an denen uns überhaupt nicht nach Liebe zumute ist und wo wir unseren Mitmenschen grantig und unfreundlich begegnen. Er vergibt uns das und gibt uns immer wieder die Gelegenheit, es beim nächsten Mal besser zu machen. Das ist das wunderbare an unserem Vater im Himmel. er erwartet nicht von uns, dass wir perfekt sind, sondern er gibt uns immer wieder die Gelegenheit, zu üben und im Laufe der Zeit lernen wir mehr und mehr, nach seinen Vorstellungen zu leben.

42. GEMEINSCHAFT MIT GOTT

In der letzten Denkpause haben wir uns darüber Gedanken gemacht, was Gott von uns erwartet. Unser Vater im Himmel erwartet von uns keine großartigen Leistungen, damit er uns wohlgesonnen ist. Wir können keine noch so große Leistung erbringen, damit Gott uns auch nur eine Winzigkeit lieber hat, als vorher. Gott ist Liebe. Er kann gar nicht anders, als uns zu lieben und zwar völlig unabhängig davon, ob wir ein (in unseren Augen) gutes Leben führen, oder nicht. Das hilft mir immer wieder, wenn ich mit anderen Menschen Schwierigkeiten habe. Dann halte ich mir vor Augen, dass der Herr diesen Menschen genauso liebt, wie mich, kein bisschen mehr, aber auch kein bisschen weniger.

Gerade weil Gott uns so liebt, hat er natürlich auch Sehnsucht danach, Gemeinschaft mit uns zu haben. Das ist die wichtigste Erwartung, die unser Schöpfer an uns hat. Es heißt in der Heiligen Schrift, dass Er den Menschen „zu seinem Bilde (schuf), zum Bilde Gottes schuf er ihn."

Für mich ist es ein großes Geschenk, dass der heilige Gott uns erlaubt, ihn Vater zu nennen. Da kann ich mein Verhältnis zu Gott immer wieder mit dem Verhältnis meiner Söhne zu mir vergleichen. Ich stelle mir vor, wie das wäre, wenn meine Söhne immer nur die Hand aufhalten würden und mir erzählen, was sie alles brauchen und wo ich ihnen unbedingt helfen muss. Daran, mit mir Zeit zu verbringen, hätten sie aber überhaupt kein Interesse. Das würde wohl keinem Vater gefallen.

Wenn wir ganz ehrlich sind, verhalten wir uns Gott, also unserem himmlischen Vater gegenüber, sehr oft so. Wir bringen Ihm im Gebet all unsere Sorgen und Nöte und erwarten, dass er uns beisteht. Aber wieviel Zeit verbringen wir mit Ihm? In den meisten Fällen gar keine, oder gerade einmal eine knappe Stunde am Sonntag in der Kirche.

In seiner Liebe drängt uns Gott nichts auf. Er zwingt uns nicht, bestimmte Zeiten mit Ihm einzuhalten in der Anbetung, oder mit dem Lesen der Bibel. Er gibt uns völlige Freiheit, was wir mit unserer Zeit anfangen.

In der Offenbarung (Kap. 3, Vers 20) sagt Jesus: „Merkst du nicht, dass ich vor der Tür stehe und anklopfe? Wer meine Stimme hört und mir öffnet, zu dem werde ich hineingehen, und wir werden miteinander essen – ich mit ihm und er mit mir."

Die Türe unseres Herzens hat nur eine Klinke, und zwar innen. Von außen kann sie nicht geöffnet werden, aber auch wenn das möglich wäre, würde sie Jesus niemals öffnen. Er wartet, bis wir bereit sind, die Tür unseres Herzens, bzw. uns selbst für Ihn zu öffnen.

Wenn alle Leute wüssten, wie wunderbar es ist, ein Leben mit Gott und unter der Führung von Jesus Christus und dem Heiligen Geist zu führen, dann gäbe es sicherlich viel mehr lebendige Christen in unserem Land. Aber diese Erfahrung kann man eben erst und nur dann persönlich machen, wenn man sich darauf einlässt und Jesus die Türe öffnet. Das ist ein Glaubensschritt, den nur wir tun können. Alles andere hat Jesus schon für uns erledigt.

Er hat die Strafe auf sich genommen, die wir für unsere Sünden verdient hätten und hat uns damit den Weg zu Gott freigemacht, sodass wir ewiges Leben erlangen können. Bedingung dafür ist aber, dass wir diese Rettungstat von Jesus im Glauben für uns annehmen und anerkennen, dass wir es nicht selber schaffen können, - auch nicht durch die größten Leistungen -, erlöst zu werden.

Jesus wartet geduldig darauf, dass Sie diese Tatsache anerkennen, dass Sie sich eingestehen, alleine kann ich es nicht schaffen, ich brauche Jesus, um frei zu werden. Dann sind Sie bereit, die Tür Ihres Herzens zu öffnen und Jesus herein zu lassen. Wenn Sie diesen Schritt gemacht haben, wird sich Ihr Leben radikal verändern. Sie können Jesus alles bringen, was in Ihrem Leben schiefgelaufen ist und er wird Ihnen helfen, es gerade zu richten. In der Gemeinschaft mit Ihm können Sie sich alles vom Herzen reden, er weiß es ja sowieso schon längst. Öffnen Sie Jesus die Tür ihres Herzens, Sie können nichts verlieren, nur gewinnen!

43. HEILSGEWISSHEIT

Manchmal errege ich Ärger und Unverständnis bei Gesprächspartnern, wenn ich sage: „Ich bin sicher, dass ich einmal mit Jesus im Paradies sein werde." Ich werde dann für arrogant und eingebildet gehalten. Dabei ist gerade das Gegenteil der Fall. Es gehört Demut dazu, anzuerkennen, dass ich selber absolut nichts zu meiner Erlösung und zum ewigen Leben beitragen kann, sondern dass ich das nur im Glauben als Geschenk annehmen kann.

Im 1. Kapitel des Johannesevangeliums gibt es einen Vers, der mir sehr wichtig ist. Vers 11 und 12 lautet: „Er kam zu seinem Volk, aber sein Volk wollte nichts von ihm wissen. All denen jedoch, die ihn aufnahmen und an seinen Namen glaubten, gab er das Recht, Gottes Kinder zu werden." Als ich diese Stelle einmal zusammen mit einem Rechtsanwalt las, der mehr über den Glauben erfahren wollte, rief der ganz begeistert aus: „Das ist ja wunderbar. Hier kann ich einen Rechtsanspruch auf etwas erhalten. Es ist mein Recht, ein Kind Gottes zu werden, wenn ich Jesus aufnehme und an glaube!" Es hat also absolut nichts mit Hochmut zu tun, wenn jemand sagt, er sei sicher, dass er die Ewigkeit mit Jesus im Paradies verbringen wird. Er drückt damit nur aus, dass er Jesus als seinen Herrn angenommen hat und dass er ein Leben im Glauben an ihn führt. Er hat das Klopfen von Jesus an seiner Herzenstür gehört, wie wir in der letzten Denkpause gelesen haben und hat ihn im Glauben aufgenommen. Deshalb hat er jetzt ein Recht darauf, Kind Gottes zu sein.

Gott hat niemals leere Worte gemacht und Dinge versprochen, die er nicht gehalten hat. Das Gegenteil ist der Fall. Wenn Gott etwas in seinem Wort zusagt, dann können wir uns hundertprozentig darauf verlassen, dass er auch Wort hält. Dann brauche ich keine Zweifel mehr daran zu haben, ob mein Lebensstil gut genug ist, um Gott von mir zu überzeugen. Ich selbst werde niemals gut genug sein, es ist allein seine Gnade und Barmherzigkeit und auf die kann ich mich verlassen.

Zweifel an dieser Zusage Gottes sind gleichzusetzen mit Unglauben. Jakobus schreibt in seinem Brief (Kap.1, Vers 6-8):

„...denn wer zweifelt, gleicht einer Meereswoge, die – vom Wind aufgepeitscht – einmal hierhin und dann wieder dorthin getrieben wird. Ein solcher Mensch soll nicht meinen, er werde vom Herrn etwas bekommen, denn er ist in seinem Innersten gespalten, und seine Unbeständigkeit kommt bei allem, was er unternimmt, zum Vorschein."

Wenn Du auf der Suche nach dem lebendigen Glauben an Jesus bist und Deine Herzenstür für Jesus öffnen willst, was kannst Du dann tun, um Ihn im Glauben anzunehmen? Sag es Gott, dass Du das möchtest. Setz dich hin, oder geh vor Gott auf die Knie und bring Ihm Dein Anliegen im Gebet. Wenn Dir die richtigen Worte dazu nicht einfallen, kannst Du das folgende Gebet sprechen:

„Vater im Himmel, mir ist klargeworden, dass ich mein Leben selbst bestimmt habe und von Dir getrennt bin. Vergib mir meine Schuld. Danke, dass Du meine Sünden vergeben hast, weil Christus für mich gestorben und mein Erlöser geworden ist. Herr Jesus, bitte übernimm die Herrschaft in meinem Leben und verändere mich so, wie Du mich haben willst. Amen."

Es ist allerdings wichtig, dass Du dieses Gebet von Herzen sprichst und innerlich nachvollziehst. Wenn Du nicht bereit bist, Jesus in Deinem Leben wirken zu lassen und Dich von Ihm verändern zu lassen, dann lass es lieber bleiben. Dann ähnelst Du dem Zweifler, von dem Jakobus oben spricht. Aber wenn Du es ernst meinst, dann hast Du die Gewissheit, die Johannes auch in seinem 1. Brief beschreibt (1.Joh.5, 11-12): „Und was bedeutet diese Aussage Gottes für uns? Sie bedeutet, dass Gott uns das ewige Leben gegeben hat; denn dieses Leben bekommen wir durch seinen Sohn. Wer mit dem Sohn verbunden ist, hat das Leben. Wer nicht mit ihm, dem Sohn Gottes, verbunden ist, hat das Leben nicht."

44. LEBEN ODER GELEBT WERDEN

Der Dichter und Schriftsteller Leo Tolstoi erzählte einmal seine Lebensgeschichte als Gleichnis:

„Ich kam mir vor wie ein Mensch, den man in einen Kahn setzte und in dessen unerfahrene Hände man die Ruder gelegt hatte. Vom Ufer fortgestoßen, ruderte ich auf dem reißenden Strom des Lebens dahin. Je mehr ich in die Mitte der Strömung kam, umso mehr Menschen begegnete ich. Lachende, lärmende, singende Menschen, die alle in einer Richtung dahinfuhren, und niemand fragte danach, ob denn die Richtung stimmte, in der die Fahrt ging. Plötzlich hörte ich durch das Gewirr das Tosen und Brausen der Stromschnellen, und ich sah, wie vor mir ein Lebensschiff nach dem anderen kenterte und unterging. Da kam ich zu mir und hielt inne mit der tollen Fahrt. Mit aller Gewalt ruderte ich zurück, stromaufwärts dem Ufer zu. Und endlich kam ich heraus aus der gefährlichen Strömung. Das Ufer, von dem ich losgetrieben war, war der lebendige Gott. Nun war ich zu ihm zurückgekehrt und geborgen!"

Es lohnt sich, einmal in Ruhe über diese Geschichte nachzudenken. Wie sieht es in Ihrem Leben aus? Leben Sie so, wie es Ihnen richtig erscheint, oder werden Sie gelebt? Die Anforderungen im Beruf, in der Familie, in der Gesellschaft, die an uns gestellt werden, lassen uns häufig keinen allzu großen Spielraum darin, unsere eigenen Vorstellungen zu verwirklichen, geschweige denn die Vorstellungen, die Gott davon hat, wie wir unser Leben führen sollten.

Wir sind so in den reißenden Strom des Zeitgeistes eingebunden, dass wir uns gar keine Zeit mehr nehmen, über das Geistliche in unserem Leben nachzudenken.

Wir sind viel mehr damit beschäftigt, uns zu fragen, was andere Menschen, unser Chef, unsere Kollegen, Nachbarn und Freunde über uns und unsere Lebensführung denken, als darüber, was sich Gott über unser Leben denkt.

Wir planen unsere Karriere, unsere Familie, unsere Freizeit und unseren nächsten Urlaub, aber machen wir uns auch Gedanken darüber, was Gott sich für unser Leben gedacht hat?

Ein weiser alter Mann stellte jedem Menschen, dem er begegnete die Frage: „Weißt du, wo du hingehst, wenn dein Leben heute Nacht von dir genommen wird?"

Wir tun gerne so, als ob wir ewig leben würden, bzw. als ob wir beliebig viele Leben zur Verfügung hätten, wie bei einem Computerspiel. Aber Gott sieht das anders. Er sagt uns in seiner Heiligen Schrift: „Es ist den Menschen bestimmt, einmal zu sterben, danach aber das Gericht." (Hebr. 9, 27)

Und wann der Zeitpunkt dafür ist, bestimmen nicht wir, sondern alleine Gott.

Ist es da nicht sinnvoll, dass wir uns rechtzeitig Gedanken darübermachen?

Eine gute Bekannte von uns war immer der Meinung, dass sie im Alter noch genug Zeit dafür haben würde, über Gott und den Glauben nachzudenken. Mit ihren dreißig Jahren wollte sie erst einmal das Leben genießen und sich nicht die Freude daran mit Gedanken an das Ende vermiesen. Eines Tages hatte sie es morgens sehr eilig, in ihr Geschäft zu kommen. Sie kam auf die Gegenfahrbahn, fuhr frontal in einen Lastwagen und war auf der Stelle tot.

Ich will hier keine Angst verbreiten. Woran mir liegt, ist, klar zu machen, dass wir den Zeitpunkt nicht kennen, ab dem es zu spät ist. Deshalb ist es sinnvoll, rechtzeitig über unser Leben nachzudenken und darüber, was danach kommt.

Irgendwann kommt der Augenblick, wo wir Rechenschaft ablegen müssen und darauf möchte ich gerne vorbereitet sein.

Die gute Nachricht ist, dass wir einen Fürsprecher in diesem Gericht haben, der schon im Voraus die Strafe für uns auf sich genommen hat, wenn, ja wenn wir an Ihn glauben und Ihm unser Leben anvertraut haben. Das müssen wir selber machen.

Das kann auch keine Kirche für uns tun und schon gar nicht, wenn wir zu Lebzeiten mit dieser Institution gar nichts zu tun haben wollten.

45. GLEICHGÜLTIGKEIT

Eli Wiesel, einer der bekanntesten KZ- Überlebenden des NS- Regimes predigte sein Leben lang gegen Hass und Vergeltung und für Versöhnung. Ein Satz aus seinem Buch „Erinnerung als Gegenwart" hat mich besonders angesprochen. Er schrieb:

„Ich habe immer daran geglaubt, dass das Gegenteil von Liebe nicht Hass ist, sondern Gleichgültigkeit. Das Gegenteil von Glaube ist nicht Überheblichkeit, sondern Gleichgültigkeit. Das Gegenteil von Hoffnung ist nicht Verzweiflung, es ist Gleichgültigkeit. Gleichgültigkeit ist nicht der Anfang eines Prozesses, es ist das Ende eines Prozesses."

Sind die Menschen unserer Zeit in ihrer Selbstbezogenheit wirklich schon so weit, dass alles für sie gleich gültig ist? Die moderne Sicht von Toleranz hat sehr viel damit zu tun. Für mich bedeutet Toleranz nicht Beliebigkeit. Ich nehme einen Menschen so an, wie er ist. Aber wenn dieser Mensch Vorstellungen hat, oder Dinge tut, die gegen meine Überzeugung gerichtet sind, und von denen ich überzeugt bin, dass sie ihm schaden, dann sehe ich es als meine Pflicht an, mit ihm darüber zu reden. Ich zeige ihm damit eben, dass er mir wichtig ist und nicht gleichgültig.

Das hat auch viel mit Liebe zu tun. Wenn ich meine Mitmenschen liebe, dann bin ich daran interessiert, dass es ihnen gut geht und in meinem Verständnis geht es ihnen am besten, wenn sie in Einklang mit ihrem Schöpfer leben und nicht selbstbestimmt ohne Rücksicht auf Verluste durch die Welt gehen. Wenn ich mit jemandem darüber spreche, in welchem Bereich er meiner Meinung nach auf dem falschen Weg ist, dann bin ich bereit, mir seine Argumente dafür anzuhören. Vielleicht täusche ich mich ja selber. Dann lasse ich mich gerne überzeugen. Wenn ich aber weiter der Meinung bin, dass sein Weg falsch ist, dann akzeptiere ich das, aber es ist mir nicht gleichgültig. Das heißt, ich kann es nicht für richtig erklären, lasse den anderen aber so stehen, wie er ist.

Unsere christlichen Werte und Überzeugungen und unser Glaube sind heute ebenso der Gleichgültigkeit ausgesetzt. Dabei erscheint es schon dubios, wenn einer in Bezug auf Glauben überhaupt eine Überzeugung hat, da läuft man sehr schnell Gefahr, als Fanatiker abgestempelt zu werden. Wir hängen die Kreuze in unseren Schulen und öffentlichen Gebäuden ab, damit wir ja nicht die Empfindungen eines Andersgläubigen verletzen. Man spricht immer noch vom christlichen Abendland, aber was ist davon übriggeblieben? Der allgemeine Tenor ist: Welchen Glauben einer hat, ist völlig egal. Hauptsache, er glaubt an irgendetwas. Es ist alles gleich gültig. Das hat auch wieder nichts mit Liebe zu tun.

Ich bin der festen Überzeugung, dass der Gott der Bibel diese Welt und uns Menschen geschaffen hat, dass er einen Plan für uns hat. Zu diesem Plan gehörte, dass er seinen eigenen Sohn geopfert hat, weil er uns Menschen so sehr liebt, dass er uns unbedingt retten will. Dazu sagt Jesus in Johannes 14 Vers 6:

„Ich bin der Weg, die Wahrheit und das Leben. Zum Vater kommt man nur durch mich."

Das ist eine klare Aussage und an die glaube ich. Und wenn es da heißt, dass man nur, also ausschließlich durch Jesus zum Vater kommt, dann können all die anderen Religionen, die etwas völlig anderes behaupten, nicht gleich gültig sein.

Und auf diesen Jesus setze ich auch all meine Hoffnung. Er hat mir in der Bibel so viele Zusagen gemacht, dass ich sicher bin, er wacht jederzeit über mir und er achtet darauf, dass mir nichts widerfährt, was er nicht in der Hand hat. Da ist es mir aber auch nicht gleichgültig, wenn ich sehe, wie wenig Hoffnung in der Welt ist. Angesichts der vielen Katastrophen und der Brutalität von Gegnern des christlichen

Glaubens kann man das auch fast verstehen. Aber ich vertraue darauf, dass Gott alles in der Hand hat und dass ich selber nie tiefer fallen kann, als in Gottes Hand.

46. RETTUNG DURCH DAS GESETZ

In der letzten Denkpause habe ich einen Satz von Eli Wiesel aus seinem Buch „Erinnerung als Gegenwart" zitiert, der mich sehr stark beschäftigt und auf den ich auch hier noch einmal eingehen möchte. Er lautet:

„Ich habe immer daran geglaubt, dass das Gegenteil von Liebe nicht Hass ist, sondern Gleichgültigkeit. Das Gegenteil von Glaube ist nicht Überheblichkeit, sondern Gleichgültigkeit. Das Gegenteil von Hoffnung ist nicht Verzweiflung, es ist Gleichgültigkeit. Gleichgültigkeit ist nicht der Anfang eines Prozesses, es ist das Ende eines Prozesses."

Wenn ich die Aussage lese, dass „Gleichgültigkeit nicht der Anfang, sondern das Ende eines Prozesses" ist, dann macht mir das Angst, denn es hat so etwas Endgültiges. Es widerspricht auch meiner Hoffnung und Überzeugung, dass noch viele Menschen sich von ihrer Gleichgültigkeit ab und Jesus im Glauben zuwenden werden.

Die Gleichgültigkeit wird genährt von einer weit verbreiteten Lüge. Diese behauptet, dass es ausreicht, wenn ein Mensch getauft, gefirmt oder konfirmiert ist und ein christliches Begräbnis bekommt, dann ist er gerettet und hat das ewige Leben. Da brauche ich selber nur noch ein paarmal im Jahr in die Kirche zu gehen und ein paar religiöse Regeln einhalten und ansonsten nichts mehr dazu tun. Das ist eine gemeine Lüge, die Sie das Leben kostet! Nur durch die Gemeinschaft mit Jesus Christus und meinen Glauben an Ihn kann ich das ewige Leben bekommen. Paulus schreibt dazu an die Galater:

„Aber wir wissen jetzt, dass der Mensch nicht durch das Befolgen von Gesetzesvorschriften für gerecht erklärt wird, sondern nur durch den Glauben an Jesus Christus. Darum haben auch wir unser Vertrauen auf Jesus Christus gesetzt, denn wir möchten vor Gott bestehen können, und das ist –wie gesagt- nur auf der Grundlage des Glaubens an Jesus

Christus möglich, nicht auf der Grundlage der Gesetzeserfüllung. Niemand steht durch das Befolgen von Gesetzesvorschriften vor Gott gerecht da." (Gal. 2, 16)

Und ein paar Sätze weiter in Gal. 2, 20 heißt es:

„Nicht mehr ich bin es, der lebt, nein, Christus lebt in mir. Und solange ich noch dieses irdische Leben habe, lebe ich im Glauben an den Sohn Gottes, der mir seine Liebe erwiesen und sich selbst für mich hingegeben hat."

Ich schreibe hier keine theoretischen Gedanken auf, sondern berichte nur davon, was meine Frau und ich und viele andere Menschen praktisch erlebt haben. Auch wir haben ein Leben geführt, in dem wir zwar an die Existenz Gottes geglaubt haben und versucht haben, seine Gebote und Gesetze einzuhalten. In unserem täglichen Leben hat der Glaube aber keine Rolle gespielt.

Als wir dann begonnen haben, uns auf Jesus, unseren Retter und Erlöser einzulassen, Ihm Raum in unserem Leben und in unseren Entscheidungen zu geben und unser Leben unter Seine Herrschaft zu stellen, hat sich unser Leben radikal verändert. Es ist so wohltuend und befreiend, nicht krampfhaft seinen eigenen Weg suchen zu müssen, sondern hörend im Gebet die eigenen Entscheidungen vor Gott zu bringen und um Seine Führung und Leitung zu bitten. Er freut sich über ein solches Gebet und wird es in jedem Fall gerne erhören. Geben Sie Jesus Raum in Ihrem Leben und Sie werden Wunder erleben.

Nehmen Sie die Warnung in dem Schreiben an die Gemeinde in Laodizea aus Offenbarung 3, 15 f ernst! Da sagt Gott zu der Gemeinde:

„Ich weiß, wie du lebst und was du tust; ich weiß, dass du weder kalt noch warm bist. Wenn du doch das eine oder das andere wärst! Aber weil du weder warm, noch kalt bist, sondern lauwarm, werde ich dich aus meinem Mund ausspucken......So mache ich es mit allen, die ich liebe: Ich decke auf, was bei ihnen verkehrt ist, und weise sie zurecht. Darum mach Schluss mit deiner Gleichgültigkeit und kehre um!"

Es gibt keine geistliche Neutralität. Jesus sagt: „Wer nicht für mich ist, ist gegen mich und wird das ewige Leben nicht sehen".

47. KIND GOTTES WERDEN

Zu allen möglichen Gelegenheiten stellt sich die Frage: „Was schenke ich meinen Familienangehörigen und meinen Freunden?" Kennen Sie auch diese Situation, dass Sie für eine(n) Ihrer Lieben ein ganz besonderes Geschenk haben, wovon Sie überzeugt sind, dass es das absolute Supergeschenk ist, und diejenige bzw. derjenige freut sich überhaupt nicht und legt das Geschenk achtlos beiseite. Was für eine Enttäuschung! Genau diese Enttäuschung erlebte Gott, als er uns das Liebste schenkte, was er hatte, seinen Sohn, um die Menschen mit sich zu versöhnen. Er hatte sich einen genialen Weg ausgedacht, mit dem er die Kluft zwischen sich und uns Menschen überwinden konnte, die seit dem Sündenfall bestand. Aber die meisten Menschen fanden das gar nicht so besonders. Die Bibel sagt dazu im Johannesevangelium (1, 11): „Er kam zu seinem Volk, aber sein Volk wollte nichts von ihm wissen."

Und diese Gleichgültigkeit setzt sich seit der Geburt Jesu bis heute so fort, im Gegenteil, immer weniger Menschen wollen etwas von Gott wissen und sie wollen schon gar nicht, dass Gott ihr Leben und ihre Entscheidungen beeinflusst.

Dabei heißt es aber im nächsten Satz bei Johannes: „All denen jedoch, die ihn annahmen und an seinen Namen glaubten, gab er das Recht, Gottes Kinder zu werden."

Ist das wunderbar? Stellen Sie sich einmal vor, die Königin Elisabeth von England würde Ihnen anbieten, Sie zu adoptieren, Sie in den Stand einer Prinzessin, oder eines Prinzen zu erheben. Das würden wohl die wenigsten ablehnen. Aber wenn der König aller Könige Ihnen dieses Angebot macht, heben Sie dann nur leicht die Schulter und schütteln mit dem Kopf?

Dabei könnte Ihnen eine weltliche Königin, oder ein König nur zu einem Adelstitel verhelfen. Gott aber bietet Ihnen durch solch eine

Adoption Leben an und zwar ewiges Leben! Das wird uns zwei Kapitel weiter in Joh. 3, 16 zugesagt:

„Denn Gott hat der Welt seine Liebe dadurch gezeigt, dass er seinen einzigen Sohn für sie hergab, damit jeder, der an ihn glaubt, das ewige Leben hat und nicht verloren geht."

Wir brauchen also nicht erst einmal tausend Bedingungen erfüllen und viele Strafen für unsere Sünden über uns ergehen lassen, sondern die einzige Bedingung für diese Stellung als Kind Gottes ist, dass wir an Jesus Christus als unseren Retter und Erlöser glauben und unser Leben nicht mehr selbstbestimmt weiterführen, sondern seiner Herrschaft unterstellen. Das ist ja keine so leichte Sache, sein Leben unter die Herrschaft eines anderen zu stellen. Bei einem anderen Menschen wollte ich das sicher nicht tun. Aber bei Jesus, der sein Leben für mich gegeben hat, um mich zu retten und von dem ich weiß, dass er mich liebt, obwohl er mich kennt, habe ich damit keine Probleme, weil ich sicher sein kann, dass er niemals etwas in meinem Leben zulassen würde, das mir wirklich schadet. Natürlich lässt er Dinge in meinem Leben zu, die momentan schmerzlich für mich sind. Aber da habe ich die Zusage von Paulus aus dem Römerbrief (8, 28):

„Wir wissen aber, dass denen, die Gott lieben, alle Dinge zum Besten dienen…" Das habe ich oft genug am eigenen Leib gespürt, dass Ereignisse, die mir große Schwierigkeiten bereitet haben, am Ende zu einem Ergebnis geführt haben, das mich nur staunen ließ. Die Bibel lässt uns aber auch nicht im Unklaren darüber, wohin uns Gleichgültigkeit führt. So heißt es in Joh. 3, 36:

„Wer an den Sohn glaubt, hat das ewige Leben. Wer dem Sohn nicht gehorcht, wird das Leben nicht sehen; der Zorn Gottes bleibt auf ihm."

Ich wünsche Ihnen, dass Sie in den kommenden Tagen zwischen all Ihren wichtigen Aktivitäten einmal eine Stunde Zeit finden, über Ihr

Leben und Ihre Beziehung zu Gott nachzudenken. Dazu möchte ich Ihnen noch einen Satz mitgeben, den ich in dieser Woche las:

„Wie schrecklich wäre das, vor einem gerechten Gott zu stehen und einsehen zu müssen, dass nur meine Widerspenstigkeit mir den Himmel für ewig verschlossen hat."

48. JESUS AN MEINER SEITE

Dem Christentum wird oft der Vorwurf gemacht, dass es die Leute immer nur auf die Zukunft vertröstet und keine Antworten für die Gegenwart hat. Es sei immer nur vom ewigen Leben die Rede, das nach dem irdischen Tod beginnt, die drängenden Probleme sind aber in der Gegenwart zu lösen.

Diese Ansicht ist falsch, denn Jesus hat uns am Ende des Matthäus-Evangeliums versprochen: „Und seid gewiss: Ich bin jeden Tag bei euch, bis zum Ende der Welt." (Mat. 28, 20) Darauf können wir uns verlassen, denn Jesus hat noch nie eine einmal gemachte Zusage gebrochen. Allerdings liegt es an uns, ob diese Zusage in unserem Leben spürbar wird, oder nicht. Es ist eine Tatsache, dass Jesus in jedem Augenblick an unserer Seite ist. Ob ich das spüre und ob es mir bewusstwird, liegt allerdings bei mir. Wenn ich in meinem Leben alles selber bestimmen will und mir von niemandem dazwischenreden lasse, kann ich seine Gegenwart nicht bemerken, weil ich gar nicht erst danach frage. Ich sitze auf dem Thron und bestimme die Richtung, unabhängig davon, ob Gottes Plan für mich ein ganz anderer ist. Wenn ich aber erkenne, dass es mir am besten geht, wenn ich in Gottes Plan lebe und ihn in meinem Leben bestimmen lasse, dann frage ich Ihn vor jeder Entscheidung um seinen Rat und folge dem, was Er mir zeigt. Dann erlebe ich hautnah seine Gegenwart in meinem Leben. Dazu braucht es nur einmal eine Entscheidung. Vor dieser Entscheidung steht die Erkenntnis, dass ich eben doch nicht alles alleine stemmen kann und dass ich nicht das Leben führe, das Gott gefällt.

Dann kann ich im Gebet vor Gott treten und ihm meine Sünden bekennen und Ihn bitten, die Herrschaft in meinem Leben zu übernehmen. Als ich diesen Schritt im Juni vor 33 Jahren getan habe, hat sich mein Leben grundlegend geändert. Früher war ich ein sehr verschlossener Mensch, der nur privat redete, wenn er angesprochen wurde, weil ich immer Angst davor hatte, etwas Falsches zu sagen. Nur im Beruf fühlte ich mich sicher und kompetent und konnte frei herausreden. Ich hatte aus meiner Kindheit große Verletzungen durch meine Großeltern, die mich immer zu einem Versager abstempelten. Durch meine Verbindung zu Jesus lernte ich immer mehr, dass jeder Mensch wertvoll ist, auch ich, weil Jesus jeden von uns liebt. Nach und nach wurden meine alten Verletzungen geheilt und ich wurde immer freier. Heute weiß ich, dass ich ein von Gott geliebter, wertvoller Mensch bin und das lässt mich glücklich und gelöst leben. Ich kann meinen Mitmenschen offen gegenübertreten und versuchen, die Liebe, die ich selber erfahre, an andere weiterzugeben.

Das ist so wichtig, dass wir unsere Mitmenschen so lassen, wie sie sind. Ich kann mein Gegenüber nicht verändern, sondern nur mich selber. Wenn wir also Schwierigkeiten mit jemandem haben, dann sollten wir nicht beten: „Lieber Gott, bitte verändere den oder jene", sondern unser Gebet sollte sein: „Lieber Gott, bitte verändere mich, damit es mir leichter fällt, mit dem oder jener auszukommen." Ich versichere Ihnen, dass dieses Gebet erhört wird.

Ich habe neulich einen interessanten Satz gelesen, den ich mir gleich aufgeschrieben habe:

„Ein Mensch, der hasst, schafft sich seine eigene Hölle. Aber ein Mensch, der liebt, hat den Himmel in sich." Das wünsche ich einem jeden von Ihnen, dass Sie den Himmel in sich haben und das funktioniert nur im Verbund mit Jesus. Wenn Sie sich im Gebet ihm zuwenden und ihn bitten, die Herrschaft in Ihrem Leben zu übernehmen, dann erleben Sie hautnah, dass er immer bei Ihnen ist, bis zum Ende der Welt. Dann geschieht ein Wandel in Ihrem Leben, der Sie staunen lässt.

Dazu heißt es im 2. Korintherbrief: „Wenn jemand zu Christus gehört, ist er eine neue Schöpfung. Das Alte ist vergangen; etwas ganz Neues hat begonnen." (2.Kor. 5, 17)

Der christliche Glaube vertröstet uns also nicht auf die Zukunft, sondern er ist der einzige Weg, um ein erfülltes Leben in der Gegenwart zu leben. Ich kann jedem nur empfehlen, es zu versuchen, Sie werden reich belohnt werden.

49. GEHORSAM

Gott gibt mir immer wieder Bibelstellen, die mich sehr stark beschäftigen. Eine solche Stelle ist mein Taufspruch, der in Psalm 86, Vers 11 steht:

„Weise mir, Herr, deinen Weg, dass ich wandle in deiner Wahrheit. Halte mein Herz bei dem einen, deinen Namen zu fürchten."

Da leben zwei Brüder in einem Dorf. Der eine ist sehr religiös und versucht, absolut korrekt zu leben, weil er der Überzeugung ist, dass Gott ein sehr harter und strenger Gott ist. Er geht jeden Sonntag in die Kirche, würde niemals am Freitag Fleisch essen und auf keinen Fall an einem Feiertag etwas arbeiten. Wenn sein Nachbar einen Monat Fahrverbot bekommt, weil er zu schnell gefahren ist, sagt er: „Das geschieht ihm völlig zu Recht. So etwas würde ich nie machen." Er ist der Überzeugung, dass Gott sehr zufrieden mit ihm sein kann, weil er sich immer so anstrengt, korrekt zu leben.

Der andere Bruder glaubt an die Erlösungstat Jesu Christi und verlässt sich darauf. Er versucht, korrekt zu leben, ist sich aber dessen bewusst, dass er das nie ganz schaffen kann. Er geht schon mal am Sonntag, wenn das Wetter besonders schön ist, auf den Berg, oder bastelt am Feiertag in seinem Garten herum. Als sein Nachbar das Fahrverbot erhielt, betet er: „Herr, vergib mir bitte, dass ich auch manchmal zu schnell fahre. Ich danke dir, dass ich noch nie erwischt wurde. Bitte hilf meinem Nachbarn, diese Zeit gut zu überstehen." Bei jedem Fehler, den er macht, bzw. bei jeder Sünde, die er begeht, bittet er Jesus um Vergebung und ist dankbar, dass Jesus für seine Sünden gestorben ist. Er kennt Gott als einen liebenden Vater, der genau weiß, dass keines seiner Kinder unfehlbar ist und der gerne vergibt, wenn wir ihn darum bitten.

Was glauben sie, an welchem der beiden Brüder Gott größere Freude hat? Im Epheserbrief 2, 8-9 heißt es: „Durch Gottes Gnade seid ihr gerettet, und zwar auf Grund des Glaubens. Ihr verdankt eure Rettung also nicht euch selbst; nein, sie ist Gottes Geschenk. Sie gründet sich nicht auf menschliche Leistungen, sodass niemand vor Gott mit irgendetwas großtun kann."

Gott will nicht, dass wir unsere eigenen Wege gehen und auf eigene Faust versuchen, das Heil und das ewige Leben zu erlangen. Das ist absolut unmöglich. Er will vielmehr, dass wir unsere eigene Hilflosigkeit erkennen, auf Ihn schauen und uns von Ihm führen und leiten lassen. Ich bin der absoluten Meinung, dass Gott für jeden von uns einen Plan hat. Am besten geht es uns, wenn wir in diesem Plan leben und nicht unsere selbstbestimmten Wege gehen. Ich habe es in meinem Leben immer wieder erlebt, dass ich in meinem Innersten wusste, Gott will dies oder jenes von mir. Ich war aber noch nicht bereit, das zu tun und bin stattdessen meine eigenen Wege gegangen, die ich für viel besser hielt. Dabei habe ich viele schmerzliche Erfahrungen gemacht, weil ich immer wieder feststellen musste, dass meine Wege Sackgassen waren. Erst, nachdem ich endlich bereit war, Gottes Weg zu gehen, führte es zum Erfolg. Ich habe leider vierzig Jahre lang das Leben des ersten Bruders geführt und das war alles andere, als erlöst.

Erst, als ich mich entschlossen habe, mein Leben in die Hand von Jesus zu geben und Ihm die Führung zu überlassen, wurde es entspannt. Ich kann alles im Gebet mit Ihm besprechen und erlebe täglich Seine Führung und zwar manchmal so deutlich, dass ich nur darüber staunen kann. Damit ich das erlebe, ist es allerdings nötig, die Gemeinschaft mit Ihm zu pflegen. Das geschieht, indem ich mir Zeit für das Gespräch mit Ihm, also das Gebet nehme und in Seinem Wort, der Bibel lese. Dabei habe ich auch erfahren, was Gottesfurcht bedeutet. Gott will nicht, dass wir Angst vor Ihm haben, sondern wir sollen Ihm in Ehrfurcht begegnen. Das heißt, dass ich mir bei allem, was ich tue, überlege, wie Gott das wohl sieht. Wenn ich zu dem Schluss komme, dass es Ihm nicht gefällt, lasse ich es bleiben. Leider sind wir viel öfter von der

Menschenfurcht befallen und lassen Dinge bleiben, weil sie unseren Mitmenschen missfallen könnten.

50. ERLÖSUNG

Warum tun sich so viele Menschen schwer damit, die Gemeinschaft mit Gott zu suchen? Da gibt es viele Gründe, aber ich möchte mich heute vor allem mit zwei typischen Hindernissen beschäftigen:

Da sind zum einen die Menschen, die ihre eigenen Fehler und Sünden erkennen und deshalb glauben, sie wären nicht gut genug, um sich Gott zu nähern.

Auf der anderen Seite stehen diejenigen, die der Meinung sind, dass sie ein so vorbildliches Leben führen, dass Gott sehr zufrieden mit ihnen sein müsste und dass sie sich deshalb nicht näher mit ihm befassen müssen.

Wie unschwer zu erraten ist, sieht das Wort Gottes, die Bibel, beide Ansichten als falsch an. Der erste Typ ist der Wahrheit zwar ein ganzes Stück näher, aber er zieht die falschen Schlussfolgerungen. Im Römerbrief, Kap. 3, Vers 12 schreibt Paulus: „Alle sind vom richtigen Weg abgewichen, keinen einzigen kann Gott noch gebrauchen, keiner handelt so, wie es gut wäre, nicht ein Einziger." Ein paar Sätze weiter in Vers 20 heißt es: „Denn auch durch das Befolgen von Gesetzesvorschriften steht kein Mensch vor Gott gerecht da. Das Gesetz führt vielmehr dazu, dass man seine Sünde erkennt."

Das klingt ziemlich aussichtslos, aber Gott wäre nicht Gott, wenn er nicht eine Lösung für uns hätte und diese Lösung heißt Jesus Christus. Er hat durch seinen Tod am Kreuz unsere Schuld gesühnt und die Strafe, die wir verdient hätten, auf sich genommen. Jetzt könnten wir sagen: Wunderbar, dann ist ja alles erledigt und wir können so weitermachen, wie bisher. Aber da gibt es eine kleine Einschränkung, die sehr wesentlich ist. Gott wollte von allem Anfang an in Gemeinschaft mit uns leben. Die Menschen haben sich jedoch für ein selbst bestimmtes Leben unabhängig von Gott entschieden. Deshalb ist an die Erlösung durch Jesus Christus die Bedingung geknüpft, dass wir an ihn glauben und in Gemeinschaft mit ihm leben. Da heißt es dann im Vers 28: „Denn wir gehen davon aus, dass man aufgrund des Glaubens für gerecht erklärt wird, und zwar unabhängig von Leistungen, wie das Gesetz sie fordert."

Doch zurück zu unseren beiden Beispielsfällen. Grundsätzlich ist es gut, wenn wir erkennen, dass keiner von uns vor Gott bestehen kann. Gott ist heilig und wir können uns noch so anstrengen, wir werden seine Maßstäbe nie erfüllen können. Es ist aber der falsche Weg, zu resignieren und zu sagen: Ich kann mich Gott nie nähern, weil ich zu schlecht dafür bin. Dann wäre ja Jesus umsonst gestorben. Nein, Jesus kam eben gerade zur Errettung der Verlorenen und Sünder auf diese Welt. Er hat zu den Pharisäern, die sich darüber aufgeregt haben, dass er mit solchen Menschen verkehrte, gesagt: Nicht die Gesunden, sondern die Kranken brauchen den Arzt und für sie bin ich gekommen. Jesus freut sich über jeden, der erkennt, dass er ein Sünder ist, der umkehrt und sich ihm zuwendet. Dafür ist keiner zu schlecht und keine Sünde zu groß.

Wie ist es jetzt mit dem zweiten Beispiel, demjenigen, der der Überzeugung ist, dass er ein vorbildliches Leben führt. Hierfür gibt es den Ausdruck der Selbstgerechtigkeit. Ich erkläre mich selbst für gerecht und habe es nicht nötig, von Gott gerecht gemacht zu werden. Das ist ein verhängnisvoller Irrtum, denn wie wir gehört haben „handelt keiner so, wie es gut wäre, nicht ein Einziger."

Auch die Einstellung, dass Gott bei mir ein Auge zudrückt, wenn ich ansonsten ein anständiges Leben führe, ist falsch. Wie schon gesagt, Gott ist heilig und wir können keine Gemeinschaft mit ihm haben, außer durch Jesus Christus und unseren Glauben an ihn und die Gemeinschaft mit ihm. Die Bibel ist da absolut eindeutig. Im Johannesevangelium, Kap. 14, Vers 6 sagt Jesus: „Ich bin der Weg, ich bin die Wahrheit und ich bin das Leben. Zum Vater kommt man nur durch mich."

Ich kann Ihnen aus eigener Erfahrung sagen, es gibt keinen besseren Weg, als die Umkehr zu Jesus und ich wünsche Ihnen, dass Sie diesen Weg finden.

51. VERACHTUNG DER MITMENSCHEN

Die Bibel ist für mich ein Lehrbuch für mein Leben. Ich stoße beim Lesen der Heiligen Schrift immer wieder auf Aussagen, die mich besonders ansprechen und zum Nachdenken über mein eigenes Handeln und Denken bringen. Solch eine Stelle ist mir vor kurzem in den Sprüchen Salomos begegnet, die ein besonders reicher Fundus an Lebensrichtlinien sind. Dort heißt es im Kapitel 14, Vers 21:

„Wer einem seiner Mitmenschen mit Verachtung begegnet, macht einen schweren Fehler, doch glücklich zu preisen ist, wer den Hilflosen beisteht."

Meine erste Reaktion war: Nein, ich verachte niemanden! Aber dann begann ich nachzudenken und mich tiefer zu hinterfragen. Was dabei herauskam hat mir gar nicht gefallen. Ich musste feststellen, dass es doch einige Menschen in meiner Umgebung gibt, bei denen ich zumindest gefährdet bin, ihnen mit Verachtung zu begegnen. Das sind zum Beispiel Personen, die mich selber ablehnen und schlecht über mich reden. Da bin ich gefährdet, den Spieß einfach umzudrehen und meinerseits sie zu verachten. Die wesentlich bessere Lösung ist, für diese Menschen zu beten. Ich stelle immer wieder fest, dass sich mein ganzes Denken über bestimmte Leute in dem Moment total verändert, wo ich anfange, für sie zu beten. Auf einmal fällt es mir leicht, ihnen freundlich zu begegnen und ich merke, dass sich auch ihre Einstellung mir gegenüber verändert. Wir haben einen wunderbaren Gott, der möchte, dass wir seine Weisungen befolgen, weil ihm sehr viel daran gelegen ist, dass wir in Frieden miteinander leben. Er will nicht mehr als unser Bemühen. Das Gelingen schenkt er dann dazu.

Ganz anders ist es bei seinem Widersacher, dem Satan. Für ihn gibt es nichts Schöneres, als wenn die Menschen in Unfrieden miteinander leben und sich gegenseitig das Leben schwermachen. Dazu ist Verachtung ein sehr wirksames Mittel, das in der Vergangenheit schon zu verheerendsten Auswüchsen geführt hat. Im dritten Reich hat man den Juden die Menschenwürde abgesprochen und dazu aufgerufen, sie zu verachten. Wenn man jemandem die Würde nimmt und ihn verachtet, fällt es wesentlich leichter, ihn zu verraten, oder gar umzubringen.

Dasselbe Prinzip funktioniert heute bei den Islamisten, die den Andersgläubigen die Menschenwürde absprechen, sie verfolgen und töten. Wenn die so Verfolgten dann auf der Flucht zu uns kommen, sind sie wieder von Verachtung bedroht, einfach weil sie anders reden, denken und handeln, als wir es bei uns gewöhnt sind. Dazu kommt noch die Angst, sie könnten uns etwas wegnehmen, seien es Arbeitsplätze, Wohnraum oder irgendwelche finanziellen Mittel, die wir gerne für uns in Anspruch nehmen würden. Das sind alles Ängste, die uns Satan einflüstert, damit er Unfrieden stiften kann. Natürlich gibt es Ausnahmen, wo jemand die Gutmütigkeit ausnutzen, oder sich ungerechtfertigte Vorteile verschaffen will. Aber sollten wir deshalb alle in Bausch und Bogen ablehnen und verachten? Es gibt uns wesentlich mehr Befriedigung, wenn wir Gottes Auftrag ausführen und diesen Hilflosen beistehen.

Ein anderer Grund für Verachtung ist unterschiedliches Denken und Fühlen. Ich habe einmal ein Zitat aus einer Rede der Grünen-Vorsitzenden Göring-Eckart gelesen, das wohl nur der verzweifelten Suche nach Wählerstimmen zuzuschreiben ist. Sie sagte bei einer Veranstaltung in Hannover, bei der sie Unverständnis über Konservative äußerte, die gegen eine Gleichstellung der Ehe für homosexuelle Paare sind: „Diese Leute sind nicht homophob, das sind einfach Arschlöcher." Das sind die Worte einer Frau, die sich selber als Christin bezeichnet. Diese Aussage zeugt in höchstem Maße von Verachtung gegenüber Andersdenkenden. Aber gerade in Bereichen, die die Bibel Sünde nennt, die aber heute zum guten Ton in unserer Gesellschaft gehören wollen, wirkt sich der Einfluss von Gottes Gegenspieler besonders stark aus.

52. FREIHEIT DURCH GLAUBEN

Ein Punkt, der sehr viele Menschen davon abhält, sich mit dem christlichen Glauben tiefer zu befassen, ist die Angst, seine Freiheit zu verlieren.

Da gibt es dann solche Sprüche, wie: „Alles, was Spaß macht, ist entweder verboten, macht dick, oder ist Sünde." Also ist die Konsequenz, dass der Spaß aus meinem Leben verschwindet, wenn ich mein Leben mit Jesus Christus lebe. Ich muss jeden Sonntag in die Kirche gehen, anstatt auszuschlafen, muss ständig irgendwelche Gebote einhalten, die mich einengen und kann nicht mehr frei über mein Leben bestimmen.

Aber ist das wirklich so, oder flüstert mir Satan nur diese Argumente ein, um mich vom Glauben abzuhalten? Ich kann diese Gedanken sehr gut verstehen, denn sie haben mich selber viel zu lang blockiert, bis ich mich eines Tages entschlossen habe, es einfach einmal auszuprobieren, ob die Freiheit, die mir Jesus in seinem Wort verspricht, nicht doch besser ist.

Dort heißt es im Johannesevangelium (8, 31-32):

„Wenn ihr in meinem Wort bleibt, seid ihr wirklich meine Jünger, und ihr werdet die Wahrheit erkennen, und die Wahrheit wird euch freimachen." Und ein paar Sätze weiter heißt es in Vers 36: „Nur wenn der Sohn euch frei macht, seid ihr wirklich frei."

Jesus verspricht uns also, uns frei zu machen von Dingen, die unser Leben beherrschen und die wir nicht loslassen wollen, weil wir in allen Bereichen selbstbestimmt sein wollen. Dabei stellt sich natürlich die Frage, ob wir die Konsequenzen dieser Selbstbestimmung in allen Punkten auch zu Ende denken. Wie oft ist es mir in meinem Leben so gegangen, dass ich meine eigenen Wege verfolgt habe und plötzlich in einer Sackgasse gelandet bin, was zum Teil auch schmerzlich war. Genau das will Jesus uns ersparen.

Wenn Sie Kinder haben, wissen Sie, dass es Bereiche gibt, wo Sie Regeln aufstellen müssen und auch einmal einen Wunsch nicht erfüllen können, weil Sie den größeren Weitblick haben und erkennen, dass die Erfüllung eines Wunsches manchmal sehr schlechte Folgen für das Kind haben kann. Wir können davon ausgehen, dass niemand einen größeren Weitblick hat, als Gott, bzw. Jesus Christus. Es tut uns also gut, vor einer Entscheidung bei Ihm nachzufragen, ob dieser Weg auch der richtige ist. Viele Antworten auf unsere Fragen bekommen wir einfach aus seinem Wort, von dem er ja sagt, dass es uns die Wahrheit erkennen lässt und dass diese Wahrheit uns freimacht. Das erfahre ich täglich und es ist auch nicht so, dass es eine Belastung für mich ist, in seinem Wort zu lesen, sondern ein Bedürfnis, weil ich die positiven Ergebnisse daraus sehe.

Da gibt es auch noch die Gebote in der Bibel, die viele als Begrenzung ihrer Freiheit betrachten.

Wir sollten diese Gebote aber nicht als Einschränkung sehen, sondern als Hilfe. Sehen Sie die Leitplanken auf der Autobahn auch als Einschränkung? Sie sind eine Hilfe für uns, die uns davor bewahren soll, in den Graben zu fahren. Zwischen den Leitplanken können wir uns auf den zwei oder drei Spuren frei bewegen. Genauso ist es mit den Geboten, die uns Gott gegeben hat. Sie sind die Leitplanken, die unser Leben einfacher machen und vor allem auch das Zusammenleben mit unseren Mitmenschen erleichtern sollen.

Aber die größte Freiheit, die ich mit Jesus erlebt habe, ist die Freiheit vom Gesetz der Sünde. Bei aller Freiheitsliebe, die wir haben, übersehen wir, dass wir immer einer geistlichen Macht unterstellt sind und das ist in unserer gefallenen Welt die Macht der Sünde und von der kann uns nur Jesus befreien. Wenn wir uns ihm unterstellen, sind wir frei von der Macht der Sünde. Das bedeutet nicht, dass wir nicht täglich irgendwelche Tatsünden begehen würden. Wir können aber gleich zu unserem Herrn gehen und um Vergebung bitten und wir können Ihn bitten, uns so zu verändern, dass wir solche Sünden nicht mehr begehen. Er erhört solche Bitten sehr gern. Wir können uns noch so bemühen, uns selbst zu verändern, werden es aber nie schaffen. Nur mit der Hilfe von Jesus Christus kommt nachhaltige Veränderung und Freiheit in unser Leben. Ich kann Ihnen nur empfehlen, es auszuprobieren.

53. GLÜCK DURCH WOHLSTAND

Zu Weihnachten feiern wir den Geburtstag unseres Herrn Jesus Christus, ein Fest der Freude und der Dankbarkeit. Gott ist auf die Welt gekommen, um für uns Versöhnung und Vergebung zu bringen. Wenn das kein Grund ist, sich zu freuen und dankbar zu sein. Aber ist das wirklich bei jedem von uns der Fall?

Ein Gradmesser für unsere Zufriedenheit ist sehr oft der materielle Aspekt in unserem Leben. Dazu habe ich eine sehr interessante Studie mit Fakten gelesen, die ich gerne mit Ihnen teilen möchte:

„Wenn du ein eigenes Konto bei einer Bank, Geld im Portemonnaie und ein bisschen Kleingeld im Sparschwein hast, gehörst du zu den 8% der am besten versorgten und gesicherten Menschen dieser Welt.

-Wenn du heute Morgen gesund aufgewacht bist, geht es dir besser als der 1 Million Menschen, die die nächsten 7 Tage nicht überleben werden.

-Wenn du zur Schule gehst oder gegangen bist, kannst du froh sein, denn 121 Millionen Kinder haben nicht die Chance, etwas zu lernen.

-Wenn du nie die Gefahr eines Krieges, die Einsamkeit einer Gefangenschaft, oder den Schmerz von Folter erlebt hast, geht es dir besser als 500 Millionen anderer Menschen auf dieser Erde.

-Wenn du Essen im Kühlschrank, Kleidung, ein Dach über dem Kopf und ein Bett hast, bist du reicher als 75% aller Menschen auf dieser Welt.

-Wenn du ohne Angst vor Strafe oder Tod in die Kirche gehen kannst, bist du glücklicher, als 3 Milliarden Menschen dieser Welt.

-Wenn du immer frisches Trinkwasser zur Verfügung hast, geht es dir besser als 1 Milliarde Menschen in den Entwicklungsländern.

-Wenn du diese Zeilen lesen kannst, bist du glücklich zu schätzen, denn über 2 Milliarden Menschen können es nicht.

Bevor du dich also das nächste Mal darüber beschwerst, wie unfair das Leben doch zu dir ist, denk an diesen Beitrag. Denk an den einfachen Vergleich zwischen dem, was du hast und dem, was viele andere Menschen niemals haben werden!"

Ein großes Problem in unserem Leben ist, dass wir uns immer wieder mit anderen vergleichen. Dabei schauen wir aber meistens auf diejenigen, die mehr haben oder denen es vermeintlich bessergeht als uns und das macht uns unzufrieden. Unzufriedenheit ist aber eine Eigenschaft, die Gott an uns hasst.

Wenn schon ein Vergleich sein muss, dann schauen wir uns doch immer wieder einmal die Aufstellung an, die uns zeigt, wie privilegiert wir sind. Wenn ich das lese, dann kann ich nur sagen: „Danke, lieber Gott, dass du mich so reich beschenkt hast und immer wieder neu beschenkst. Danke, dass ich mehr Kleider habe, als ich anziehen kann, dass ich mehr Nahrung habe, als ich essen kann, dass ich eine warme Stube und ein bequemes Bett habe, ein Auto, mit dem ich mich sicher fortbewegen, oder gesunde Füße habe, mit denen ich überall hingehen kann. Danke, dass ich in einem Land lebe, in dem ich mich frei bewegen und frei meine Meinung sagen kann. Und, und, und." Es gibt so viele Gründe zum Danken und da sind die materiellen Segnungen, die uns Gott schenkt, nur ein kleiner Teil. Nehmen Sie sich in der nächsten Zeit einmal eine Stunde, wo Sie sich vor Augen halten, wie reich beschenkt Sie sind. Wenn Sie die Vergleiche von oben nehmen, sollte Ihnen klarwerden, dass nichts selbstverständlich ist, was Sie haben oder sind. Es ist alles ein Geschenk, das viele andere nicht haben. Sie werden erstaunt sein, was da alles zusammenkommt und dann sollten Sie sich noch kurz die Zeit nehmen und Gott dafür danken.

Ein altes Sprichwort sagt: „Loben zieht nach oben und Danken schützt vor Wanken."

Wir sind doch alle so versessen darauf, dass es uns gut geht. Versuchen Sie einmal, jeden Tag ein paar Punkte anzuschauen, die gut waren und fangen Sie an, Gott dafür zu danken, dass er Ihnen Gutes tut, weil er Sie liebt. Sie werden sich wundern, wie erfreulich sich Ihr Leben verändern wird.

54. WAS IST EIN CHRIST

Wenn jemand in unserer Region 100 Menschen fragen würde: „Bist du Christ", dann würden wahrscheinlich mindestens 97 mit ja antworten. Sie sind ja schließlich christlich getauft. Wenn die Frage aber weitergehen würde: „Welche Rolle spielt Jesus Christus in deinem Leben", dann würden wohl die meisten feststellen, dass er bei ihnen keinen großen Stellenwert hat. Gott ja, aber Jesus Christus? Das ist sehr schade, aber leider Realität und steht schon im Johannesevangelium ganz am Anfang. Da steht in den Sätzen 10-11 über Jesus:

„Er war in der Welt, aber die Welt, die durch ihn geschaffen war, erkannte ihn nicht. Er kam zu seinem Volk, aber sein Volk wollte nichts von ihm wissen." Das war zur Zeit des Johannes so und daran hat sich leider bis heute nicht viel geändert. Dabei ist Jesus Christus die Lösung all unserer Probleme. Er ist es, der uns mit Gott versöhnt hat. Er ist für uns am Kreuz gestorben und hat all unsere Sünden auf sich genommen. Er hat die Strafe auf sich genommen, die wir verdient haben. Deshalb ist er auch der einzige, der uns helfen kann. Dazu heißt es im nächsten Satz (12): All denen jedoch, die ihn aufnahmen und an seinen Namen glaubten, gab er das Recht, Gottes Kinder zu werden."

Das bedeutet, dass Jesus mit seinem Tod am Kreuz keine allround-Lösung geschaffen hat, sondern dass sein Erlösungswerk an eine Bedingung geknüpft ist. Wir müssen Ihn aufnehmen und an Ihn glauben. Das heißt, dass Jesus Christus Gemeinschaft mit uns haben will und zwar nicht eine knappe Stunde am Sonntag, sondern an 7 Tagen 24 Stunden.

Ein paar Kapitel weiter in Joh. 14, 6 heißt es:

„Ich bin der Weg", antwortete Jesus, "ich bin die Wahrheit und ich bin das Leben. Zum Vater kommt man nur durch mich".

Viele haben gesagt: „Ich weiß einen Weg". Aber nur einer konnte sagen: „Ich bin der Weg". Nur auf diesem Weg kommen wir zu Gott, dem Vater.

Und das bedeutet Leben, nicht nur hier auf der Erde, sondern in Ewigkeit. Jesus sagt dazu in Joh. 11, 25: „Ich bin die Auferstehung und das Leben. Wer an mich glaubt, wird leben, auch wenn er stirbt. Und wer lebt und an mich glaubt, wird niemals sterben."

Haben Sie sich schon einmal Gedanken darübergemacht, wohin Sie gehen, wenn Sie heute Nacht sterben sollten? Ich weiß es. Ich werde mit Jesus in Ewigkeit leben, weil er es in seinem Wort verspricht und er hat sein Wort niemals gebrochen. Weil ich an Ihn glaube und mit Ihm lebe, werde ich auch nach meinem irdischen Tod mit Ihm weiterleben. Und das Wunderbare ist es, dass dieses „Ewige Leben" nicht erst nach unserem Tod beginnt, sondern in dem Augenblick, wo Sie Jesus im Gebet in Ihr Leben einladen und Ihm die Herrschaft über Ihr Leben übertragen. Millionen von lebendigen Christen können das mit mir bestätigen, dass sich ihr Leben stark verändert hat, nachdem sie ihr selbst-bestimmtes Leben aufgegeben und Jesus eingeladen haben.

Die Gemeinschaft von Jesus verändert Menschen und zwar nicht zum Negativen, sondern immer nur zum Positiven. Gott will Ihr Bestes und er hat nun einmal den Weg über Jesus gewählt, um es Ihnen zu geben. Aber er hat die Bedingung daran geknüpft, dass Sie dieses Geschenk bewusst annehmen, an Jesus glauben und Ihn in Ihr Leben aufnehmen.

Ich weiß, dass ich mit meinen Mahnungen vielen Menschen auf den Wecker gehe, oder sie sogar verärgere. Aber ich mach das nicht, weil ich die Leute belehren will, sondern zum einen gibt mir das Wort Gottes den Auftrag dazu und zum anderen möchte ich die Ewigkeit gerne zusammen mit Ihnen verbringen. Meine Mitmenschen sind mir nicht egal und ich möchte, dass keiner von ihnen verloren geht.

Ein guter Weg, um Jesus Christus näher kennenzulernen, ist die Gemeinschaft mit lebendigen Christen. In vielen Regionen wird der „Alphakurs" angeboten, der ein hervorragendes Bild für ein Leben in der Gemeinschaft mit Jesus vermittelt.

55. GLAUBE UND GEHORSAM

Für mich ist Ostern das wichtigste Fest im Kirchenjahr. Zu Weihnachten feiern wir die Geburt Jesu Christi und das ist auch sehr wichtig, denn ohne Weihnachten könnte es kein Ostern geben. Aber das Osterfest bringt das ganze Handeln Gottes zur Rettung der Menschen zum Ausdruck.

Es beginnt mit dem Abend des Gründonnerstags, wo wir des letzten Abendmahls gedenken, als Jesus mit seinen Jüngern zusammensaß, das Brot brach und mit seinen Jüngern teilte und ebenso den Wein:

Er gab seinen Jüngern und somit auch uns als deren Nachfolgern den Auftrag, jedes Mal, wenn wir von dem Brot essen und von dem Wein trinken, an Ihn und Seine Erlösungstat zu denken, damit wir niemals vergessen, was Er für uns getan hat.

Dann kommt der Karfreitag, der Tag, an dem wir uns erinnern, dass Jesus für uns zum Opferlamm wurde. Er hat all unsere Sünden, nicht nur die vergangenen, sondern auch die zukünftigen auf sich genommen und hat die Strafe dafür an unserer Stelle getragen. Er hat den qualvollen Tod am Kreuz auf sich genommen, um uns zu retten. Ein unvorstellbarer Gedanke, den wir aber leider allzu leicht beiseiteschieben.

Aber dann kommt der Ostermorgen, der uns in großen Jubel ausbrechen lassen sollte: „Der Herr ist auferstanden." Ja, er ist wahrhaftig auferstanden. Er hat Hölle, Tod und Teufel besiegt und uns den Weg zum Vater freigemacht.

Freuen Sie sich genauso darüber wie ich? Und machen Sie sich das nicht nur zu Ostern klar, sondern jeden Tag wieder?

Jesus hat diesen Sieg für diejenigen errungen, die an Ihn glauben und die Gemeinschaft mit Ihm suchen. In Joh. 3, Satz 36 heißt es:

„Wer an den Sohn glaubt, hat das ewige Leben. Wer dem Sohn nicht gehorcht, wird das Leben nicht sehen; der Zorn Gottes bleibt auf ihm."

Das Interessante ist, dass hier nicht nur vom Glauben die Rede ist, sondern auch vom Gehorsam. Es geht nicht nur darum, „für wahr zu halten", dass Jesus gelebt hat und für uns gestorben ist, sondern wir sollen ihm auch gehorsam nachfolgen. Da gibt es so einen warnenden Absatz im Matthäusevangelium 8, 21:

„Nicht jeder, der zu mir sagt: >Herr, Herr!< wird ins Himmelreich kommen, sondern nur der, der den Willen meines Vaters im Himmel tut. Viele werden an jenem Tag zu mir sagen: >Herr, Herr! Haben wir nicht in deinem Namen prophetisch geredet, in deinem Namen Dämonen ausgetrieben und in deinem Namen viele Wunder getan? < Dann werde ich zu ihnen sagen: >Ich habe euch nie gekannt. Geht weg von mir, ihr mit eurem gesetzlosen Treiben!<"

Jesus hat für uns alles gegeben. Er hat seine Stellung an der Seite des Vaters im Himmel aufgegeben und ist zu uns auf die Erde gekommen. Er hat sich verspotten, verfolgen und umbringen lassen, damit wir Vergebung erhalten können. Ich denke, da ist es nicht zu viel verlangt, wenn er von uns verlangt, dass wir Ihm gehorsam nachfolgen, wenn wir das ewige Leben haben wollen.

Da lassen wir uns von geltungssüchtigen und populistischen Politikern einreden, dass wir in unserem Land ein Problem mit dem Islam haben. Nein! Wir haben ein Problem mit dem Christentum! Wir leben nicht nach unseren christlichen Wurzeln, sondern verleugnen sie. Wir haben die Kreuze als Zeichen unserer christlichen Herkunft in unseren Schulen und öffentlichen Gebäuden abgehängt und haben das, was die Bibel Sünde nennt, als Straftatbestand aus unseren Gesetzen verbannt und somit staatlich sanktioniert. Wir haben die Kirchen verlassen und uns den Götzen des Wohlstands angeschlossen. Wäre es nicht an der Zeit, sich auf unsere christlichen Wurzeln zu besinnen und anzufangen, uns wieder dem Gott der Bibel und Jesus Christus zuzuwenden, zu fragen: Herr, was ist Dein Wille für unser Land? Vergib uns bitte, dass wir uns von Dir abgewandt haben und Sünde auf uns geladen haben. Wir wollen unser Leben wieder auf Dich ausrichten." Heute wäre ein guter Zeitpunkt für einen Neuanfang.

56. PFINGSTEN

Jedes Jahr feiern wir das Pfingstfest. Wunderbar, ein verlängertes Wochenende mit viel Freizeit. Aber wie viele Leute machen sich Gedanken darüber, was wir da überhaupt feiern? Es werden immer wieder Umfragen gemacht, was dieses Fest bedeutet. Das Ergebnis ist ernüchternd, denn nur sehr wenige wissen heute noch um die Bedeutung von Pfingsten.

Jesus war nach seiner Auferstehung noch einmal mit seinen Jüngern zusammen. Bevor er dann in den Himmel zum Vater auffuhr, sagte er ihnen: „Der Vater wird euch an meiner Stelle einen anderen Helfer geben, der für immer bei euch sein wird; ich werde ihn darum bitten. Er wird euch den Geist der Wahrheit geben, den die Welt nicht bekommen kann, weil sie ihn nicht sieht und nicht kennt. Aber ihr kennt ihn, denn er bleibt bei euch und wird in euch sein." (Joh. 14, 16-17)

Nach dieser Zusage fuhr Jesus in den Himmel auf und die Jünger zogen sich nach Jerusalem zurück, beteten und warteten. „Schließlich kam das Pfingstfest. Auch an diesem Tag waren sie alle wieder am selben Ort versammelt. Plötzlich setzte vom Himmel her ein Rauschen ein wie von einem gewaltigen Sturm; das ganze Haus, in dem sie sich befanden, war von diesem Brausen erfüllt. Gleichzeitig sahen sie so etwas wie Flammenzungen, die sich verteilten und sich auf jeden Einzelnen von ihnen niederließen. Alle wurden mit dem Heiligen Geist erfüllt, und sie begannen, in fremden Sprachen zu reden; jeder sprach so, wie der Geist es ihm eingab." (Apg. 2, 1-4) So begannen sie zu predigen und die Leute „...waren zutiefst verwirrt, denn jeder hörte die Apostel und die, die bei ihnen waren, in seiner eigenen Sprache reden."

Die Folge war, dass an diesem Tag etwa 3.000 Personen zum Glauben an Jesus Christus kamen. Und das nur durch das Wirken des Heiligen Geistes.

Wir glauben an den dreieinigen Gott, Vater, Sohn und Heiliger Geist. Nur kommt der Heilige Geist in unserem Denken und Handeln leider oft zu kurz. Dabei ist er so wichtig. Ohne Ihn geht gar nichts, denn er ist der Vermittler zwischen uns und Gott. Er ist es, der den Schreibern der Heiligen Schrift eingegeben hat, was sie schreiben sollten und Ihn brauchen wir auch dringend, wenn wir die Bibel lesen, denn ohne Ihn können wir nicht verstehen, was wir da lesen.

Der Heilige Geist war von Anfang an bei Gott. So lesen wir in 1. Mose 1, 2: „…und der Geist Gottes schwebte auf dem Wasser." Und so zieht sich sein Wirken durch die gesamte Bibel bis zur Offenbarung. Ohne den Geist können wir keine Beziehung zu Gott bekommen und kein Leben führen, das erfüllt ist. Im Römerbrief (8, 14-16) lesen wir: „Alle, die sich von Gottes Geist leiten lassen, sind seine Söhne und Töchter. Denn der Geist, den ihr empfangen habt, macht euch nicht zu Sklaven, sodass ihr von neuem in Angst und Furcht leben müsstet; er hat euch zu Söhnen und Töchtern gemacht, und durch ihn rufen wir, wenn wir beten: „Abba, Vater!" Ja, der Geist selbst bezeugt es uns in unserem Innersten, dass wir Gottes Kinder sind." Leider gibt es immer wieder auch Christen, die dem Heiligen Geist gegenüber sehr reserviert sind, aber das ist gefährlich, denn in 1. Kor.3, 16-17 hießt es: „Wisst ihr nicht, dass ihr der Tempel Gottes seid und dass Gottes Geist in eurer Mitte wohnt? Wer den Tempel Gottes zerstört, zerstört sich damit selbst, weil er Gottes Gericht über sich bringt. Denn Gottes Tempel ist heilig, und dieser heilige Tempel seid ihr."

Wir leben in einer Zeit, in der sich die Menschen über Gott erheben und sich nur auf ihre eigene Klugheit verlassen. Aber auch hierzu hat die Bibel schon vor langem eine Antwort gegeben. In 1. Kor 3, 18-20 lesen wir: „Niemand soll sich selbst etwas vormachen! Wenn einer von euch meint, er gehöre zu den Klugen dieser Welt, muss er erst einmal begreifen; dass seine Klugheit Torheit ist nur so wird er wirklich klug. Denn was die Welt für klug hält, das ist bei Gott töricht. …Und an einer anderen Stelle heißt es: „Der Herr kennt die Gedanken der Klugen; er weiß, wie unnütz ihre Überlegungen sind."

Wir sollten uns nicht auf die Klugheit anderer Menschen verlassen, sondern auf den Geist Gottes, der uns zum Leben führt.

57. LIEBER GOTT ODER LIEBENDER GOTT

Wenn wir von Gott sprechen, dann reden wir gerne vom „lieben Gott".
Ist Gott in unserem menschlichen Sinn lieb? Ich glaube nicht. Wir haben
zwar einen liebenden Gott, aber keinen „lieben". Gott ist heilig und er
steht meilenweit über uns. Wenn wir vom „lieben Gott" reden, laufen
wir Gefahr, den Schöpfer dieser Welt falsch einzuschätzen, dann
entsteht leicht das Bild von dem alten Mann mit dem weißen
Rauschebart, der in seiner Liebe großzügig über alles hinwegschaut,
was wir in unserem Leben so alles anrichten. Ich kenne Menschen, die
allen Ernstes glauben, dass sie mit Gott verhandeln könnten, dass sie
ein Verhältnis mit Ihm haben, in dem er lächelnd über ihre Sünden und
Verfehlungen hinwegschaut. Aber das ist ein verhängnisvoller Irrtum.

Gott liebt uns Menschen über alles, aber Er ist auch die konsequenteste
Person, die ich kenne. Der Apostel Johannes beschreibt das sehr gut:

„Denn Gott hat der Welt seine Liebe dadurch gezeigt, dass er seinen
einzigen Sohn für sie hingab, damit jeder, der an ihn glaubt, das ewige
Leben hat und nicht verloren geht. Gott hat seinen Sohn nicht in die
Welt gesandt, um sie zu verurteilen, sondern um sie durch ihn zu
retten. Wer an ihn glaubt, wird nicht verurteilt. Wer aber nicht glaubt,
ist damit schon verurteilt: denn der, an dessen Namen er nicht geglaubt
hat, ist Gottes eigener Sohn. So vollzieht sich das Gericht an den
Menschen." Joh. 3, 16-19)

Gott hat alles darangesetzt, um uns von der ewigen Verdammnis zu
retten. Jesus kam auf die Welt, um sich für uns zu opfern. Er hat die
Strafe für unsere Verfehlungen getragen und sich umbringen lassen,
um uns vor dem Gericht zu bewahren. Ein größeres Zeichen von Liebe
kann man wohl nicht geben. Im Gegensatz zum Humanismus geht die
Bibel nämlich nicht davon aus, dass der Mensch von Natur aus gut ist,
sondern im Römerbrief (3, 10-12) heißt es:

„Keiner ist gerecht, auch nicht einer. Keiner ist klug, keiner fragt nach Gott. Alle sind vom richtigen Weg abgewichen, keinen einzigen kann Gott noch gebrauchen. Keiner handelt so, wie es gut wäre, nicht ein Einziger."

Deshalb kann kein Mensch Gottes Maßstäben gerecht werden, wieviel Mühe er sich auch gibt. Wir brauchen alle Jesus. Er allein kann uns vor Gott gerecht machen. Aber dafür ist es erforderlich, dass wir an Ihn glauben, denn: „Wer an den Sohn glaubt, hat das ewige Leben. Wer dem Sohn nicht gehorcht, wird das Leben nicht sehen; der Zorn Gottes bleibt auf ihm." (Joh.3, 36)

Hier ist zum einen von Glaube die Rede und zum anderen von Gehorsam.

Wie ist dieser Glaube zu verstehen. Es reicht sicher nicht aus, „für wahr zu halten", dass Jesus auf die Welt kam, um für unsere Sünden zu sterben. Glaube ist etwas Aktives, eine Lebenseinstellung. Im Hebräerbrief Kap.11, Vers 1 heißt es: „Was ist denn der Glaube? Er ist ein Rechnen mit der Erfüllung dessen, worauf man hofft, ein Überzeugt sein von der Wirkung unsichtbarer Dinge". In Afrika lud ein Pfarrer seine Gemeinde einmal für den Abend in die Kirche ein, um für Regen zu beten. Als die Leute zum Gebet kamen, schickte er sie alle wieder nach Hause, weil keiner von ihnen einen Schirm dabeihatte. Wie kann ich behaupten, dass ich glaube, wenn ich nicht wirklich damit rechne, dass Gott handelt und auf meine Gebete reagiert?

Aber es ist in Johannes 3, 36 nicht nur die Rede vom Glauben, sondern auch vom Gehorsam: „Wer dem Sohn nicht gehorcht, wird das Leben nicht sehen ..." Wenn wir behaupten, zu glauben, dann gehen wir davon aus, dass Gott uns wirklich liebt und dass Er unser Bestes will. Dann ist es eigentlich selbstverständlich, dass wir das tun, was Er von uns will und nicht unseren eigenen Kopf durchsetzen wollen. Der Glaube setzt eine Entscheidung von uns voraus, den Kreuzestod Jesu Christi auch für uns in Anspruch zu nehmen und Jesus so in unser

Leben aufzunehmen, dass wir Ihn als Herrn akzeptieren und uns Ihm unterordnen. Charles de Foucault schrieb dazu: „Es gibt keinen Augenblick im Leben, in dem wir nicht einen neuen Weg einschlagen könnten."

58. ANGST

Bei seiner ersten Rede zum Amtsantritt 1933 sagte der amerikanische Präsident Franklin D. Roosevelt: „Wir haben nichts zu fürchten, als die Furcht selbst."

Wie sieht das bei Ihnen aus, kennen Sie Angst in Ihrem Leben? Eine Unterscheidung ist hier wichtig: Sprechen wir von Angst, oder von Furcht? Furcht ist etwas Wichtiges und kann Leben retten. Sie bewahrt uns davor, gefährliche und unbedachte Schritte zu gehen. Gottesfurcht bewahrt uns davor, Dinge zu tun, die gegen die Gebote und Regeln Gottes sind, sie sollten es zumindest tun.

Aber Angst ist gefährlich, sie kann so machtvoll sein, dass sie uns lahmlegt und uns unfähig macht, gute Gelegenheiten zu ergreifen, oder es überhaupt zu versuchen. Es gibt viele unterschiedliche Ängste. Ich möchte nur vier von ihnen ansprechen:

• Angst vor der Stille

• Angst vor dem Teilen

• Angst vor Ablehnung und Versagen

• Angst vor Erfolg

Die Angst vor der Stille kannte ich früher sehr gut. Ich ließ mich den ganzen Tag über von Musik beschallen, wenn ich nicht gerade gearbeitet habe. Entweder ich habe gearbeitet, oder ich ließ mich von Musik, Gesellschaft mit anderen Menschen oder sportlicher Betätigung ablenken. Wenn es still um mich geworden wäre, hätte ich ja über mein Leben nachdenken, reflektieren und Rückschau halten müssen und das wollte ich nicht.

Die Angst vor dem Teilen ist in unserer modernen Welt leider sehr weit verbreitet. Sie hat bei uns eine Partei großgemacht, die den Leuten einredet, dass wir auf vieles verzichten müssen, wenn wir unseren

Überfluss mit anderen teilen müssen. Die meisten haben nicht begriffen, was es für eine Freude und innere Zufriedenheit bringt, wenn wir teilen und anderen damit helfen. Der Mensch sagt, ich kann es mir nicht leisten, von dem, was ich habe, etwas abzugeben. Gott sagt, du kannst es dir nicht leisten, alles für dich zu behalten, wenn du Frieden mit mir haben willst.

Wir geben uns meistens sehr stark und selbstsicher. Hinter dieser Fassade steckt aber oft eine tiefe Angst davor, zu versagen und den Ansprüchen, die an uns gestellt werden, nicht zu genügen. Die Gesellschaft erwartet von uns, dass wir funktionieren. Die Werbung gaukelt uns vor, dass es nur junge, erfolgreiche und schöne Menschen gibt und diesem Bild haben wir gefälligst zu genügen. Die Realität sieht aber ganz anders aus und das führt dann bei vielen zu Ängsten.

Aber auch der Erfolg kann uns in Ängste führen. Wenn wir nicht erkennen, dass dieser Erfolg ein Geschenk Gottes ist, sondern daran glauben, dass wir alles selber schaffen müssen, kommt die Angst, an Ansehen zu verlieren, wenn der Erfolg einmal nicht mehr so stark sprudelt, wie wir und unser Umfeld das gewohnt sind.

Die echte Lösung, um Angst zu überwinden, sind nicht schlaue Sätze, sondern auf Gott zu vertrauen in seiner Weisheit und Führung. Die Bibel kann uns da sehr hilfreich sein.

Wenn wir mit entmutigenden Situationen und Ängsten konfrontiert sind, kann das Wissen, dass Gott mitten bei uns ist, Vertrauen und Hoffnung geben. In Jesaja 41, 10 heißt es dazu:

„Fürchte dich nicht, denn ich stehe dir bei, hab keine Angst, denn ich bin dein Gott! Ich mache dich stark, mit meiner siegreichen Hand beschütze ich dich!"

Es ist eine ungeheure Hilfe, an Gott glauben und ihm vertrauen zu können, dass Er uns liebt, dass Er unsere Umstände kennt und die Kontrolle darüber hat. In 1. Johannes 4, 18 lesen wir:

„Wo die Liebe regiert, hat die Angst keinen Platz; Gottes vollkommene Liebe vertreibt jede Angst." Und im nächsten Satz: „Der tiefste Grund für unsere Zuversicht liegt in Gottes Liebe zu uns: Wir lieben, weil Er uns zuerst geliebt hat."

Der Glaube ist wie ein Muskel. Er will trainiert werden, damit er wachsen kann. Geben Sie Gott eine Chance und schenken Sie Ihm heute Ihr Vertrauen. Sie werden sehen, wie es wächst.

59. SELBSTÜBERSCHÄTZUNG

Der Kapitän eines Hochseeschiffes sah im Nebel die Lampen eines anderen auf sich zukommen. „Das gibt eine Katastrophe!" dachte er erschreckt. Er gab ein Lichtzeichen: „Ändern Sie Ihren Kurs 10 Grad Nordnordwest!" Darauf kam die Antwort: „Ändern Sie Ihren Kurs 10 Grad Südsüdost!" Das gibt's doch nicht, dachte er und versuchte es noch einmal: „Ich bin seit 35 Jahren Kapitän. Ändern Sie Ihren Kurs 10 Grad Nordnordwest!" Darauf die Antwort: „Ich bin nur ein einfacher Seemann. Ändern Sie Ihren Kurs 10 Grad Südsüdost!" Das ist unglaublich, dachte der Kapitän, das gibt eine totale Kollision. Er unternahm einen letzten Versuch: „Ändern Sie Ihren Kurs! Ich steuere ein Schiff mit 50.000 Tonnen!" Darauf die Antwort: „Ändern Sie Ihren Kurs! Ich sitze in einem Leuchtturm."

Steuern wir das Schiff unseres Lebens nicht auch manchmal so durch den Nebel? Wir bilden uns ein, wir wüssten genau, welche Richtung unser Leben nehmen sollte und steuern dabei auf direktem Weg in eine Katastrophe. Ob wir uns das eingestehen wollen, oder nicht: Wir sehen immer nur ein kleines Stück vor uns, genauso wie der Kapitän in dieser Geschichte. Für Jesus dagegen gibt es keinen Nebel. Er hat immer die ganze Strecke unseres Lebens vor Augen. Er sieht die Hindernisse, die unser Leben gefährden schon lange im Voraus und sendet uns immer wieder Zeichen, dass wir unseren Kurs ändern sollen. Es liegt dann an uns, ob wir stur den einmal eingeschlagenen Kurs weitergehen wollen, oder ob wir uns überzeugen lassen, dass eine Kursänderung nötig ist.

Vielleicht sollten Sie sich einmal die Zeit nehmen und sich in Ruhe hinsetzen, um ein wenig über Ihr Leben nachzudenken. Wer bestimmt den Kurs in Ihrem Leben? Haben Sie diesen Kurs immer fest im Griff und sind in allen Dingen auf dem richtigen Weg? Oder sind da vielleicht andere, die ihren Kurs bestimmen? Vielleicht Ihr Chef, Ihre Kollegen, Ihr Wunsch nach Anerkennung und Reichtum? Das alles kann Sie ganz schnell auf einen Kurs führen, der gar nicht gut ist für sie. Die anderen Menschen, die Ihren Kurs bestimmen wollen, denken in erster Linie nur an sich selbst und haben nicht Ihr Glück und Wohlergehen im Sinn.

Ich kenne aber einen, bei dem das ganz anders ist. Er kam vor gut 2000 Jahren in diese Welt aus einem einzigen Grund: Er wollte uns Menschen retten und auf den richtigen Weg bringen. Er weiß, was richtig für uns ist und will uns genau dorthin führen. Das einzige, was er dafür von uns verlangt, ist, dass wir an Ihn glauben, Ihm vertrauen und Ihn an das Ruder unseres Lebensschiffes lassen. Das ist ganz einfach, aber gerade deshalb scheinbar so schwer.

Der Apostel Johannes schreibt dazu im 1. Kapitel (10-12): „Er war in der Welt, aber die Welt, die durch ihn geschaffen war, erkannte ihn nicht. Er kam zu seinem Volk, aber sein Volk wollte nichts von ihm wissen. All denen jedoch, die ihn aufnahmen und an seinen Namen glaubten, gab er das Recht, Gottes Kinder zu werden."

Das ist das Stichwort, Kinder! Haben Sie einmal kleine Kinder mit ihren Vätern beobachtet? Da kann man totales Vertrauen kennen lernen. Sie gehen immer davon aus, dass der Vater den richtigen Weg kennt und ihnen bedingungslos hilft. Dabei ist dieses bedingungslose Vertrauen gegenüber weltlichen Vätern manchmal fraglich, denn alle Menschen sind fehlbar. Einen aber gibt es, der absolutes Vertrauen verdient und der keine Fehler macht. Das ist unser himmlischer Vater. Er liebt uns bedingungslos und wartet darauf, dass wir uns ihm zuwenden und darauf vertrauen, dass Er den richtigen Kurs für uns kennt und uns den führt. Dafür ist es allerdings nötig, dass Sie Ihr selbstbestimmtes Leben aufgeben und die Gemeinschaft mit Ihm suchen. Das kann in einem kurzen Gebet sein: „Vater, vergib mir, dass ich mein Leben bisher selbst bestimmt habe. Vergib mir bitte alle meine Sünden. Ich stelle jetzt mein Leben unter Deine Herrschaft und bitte Dich, mich zu führen." Ich wünsche Ihnen den Mut, diesen Schritt zu gehen.

60. LIEBESVERHÄLTNIS ODER DIENSTVERHÄLTNIS

Stehen Sie in einem Liebesverhältnis zu Jesus Christus, oder in einem Dienstverhältnis? Diese Frage stelle ich mir selber immer wieder, denn scheinbar ist es in uns Menschen irgendwie fest verankert, dass wir uns nicht gerne etwas schenken lassen, sondern etwas leisten wollen, um ein bestimmtes Ziel zu erreichen.

Bei einem erfüllten Leben in der Gemeinschaft mit Gott und beim Erreichen des ewigen Lebens ist das aber nicht möglich. Ob es uns passt, oder nicht, das können wir uns nicht verdienen, sondern uns nur schenken lassen und das fällt uns so schwer. Im Brief von Paulus an die Epheser schreibt er im Kapitel 2 Vers 8-9:

„Noch einmal: Durch Gottes Gnade seid ihr gerettet, und zwar aufgrund des Glaubens. Ihr verdankt eure Rettung nicht euch selbst; nein, sie ist Gottes Geschenk. Sie gründet sich nicht auf menschliche Leistungen, sodass niemand vor Gott mit irgendetwas großtun kann."

Weder durch unser Wohlverhalten, noch durch Taten, seien sie auch noch so groß und gut gemeint, können wir gerettet werden, sondern nur durch unseren Glauben an das Erlösungswerk von Jesus Christus.

Dieser Glaube hat nichts damit zu tun, dass wir für wahr halten, dass Jesus gelebt und für uns ans Kreuz gegangen ist, wie wir es im Glaubensbekenntnis oft herunterrattern, sondern dass wir Jesus voll vertrauen.

Die Bibel sagt uns, dass Jesus in uns lebt, unser Bestes will und uns in jeder Situation zur Seite steht. Ist Ihnen klar, dass Sie niemals alleine sind? Jesus ist immer an Ihrer Seite, bereit, für Sie einzustehen. Das tut er jedoch nicht gegen unseren Willen, sondern nur, wenn wir ihn dazu einladen. Jesus drängt sich uns niemals auf, genauso wenig wie Gott. Er bietet uns Rettung und Leben an, aber nur zu seinen Bedingungen und die bedeuten Reue, Umkehr und Glaube. Dazu schreibt der Apostel Johannes in seinem ersten Brief (1, 8-9):

„Wenn wir behaupten, ohne Sünde zu sein, betrügen wir uns selbst und verschließen uns der Wahrheit. Doch wenn wir unsere Sünden bekennen, erweist Gott sich als treu und gerecht: Er vergibt uns unsere Sünden und reinigt uns von allem Unrecht, das wir begangen haben."

Ich kann aus Erfahrung sagen, wie befreiend es ist, Gott seine Sünden zu bekennen und Ihm zu sagen, wie leid es mir tut. Wir können Ihm sowieso nichts verschweigen, denn er weiß und sieht ohnehin alles. Gottes Gnade befreit uns von aller Schuld. Aber können wir dann fröhlich sündigen, weil wir jedes Mal wieder sagen: „Tut mir leid." Und schon ist uns wieder vergeben? Echte Reue hält uns davon ab, dieselbe Sünde immer wieder zu begehen. Jesus vergab der Ehebrecherin, die gesteinigt werden sollte und deren Ankläger Jesus vertrieb, indem er sagte: „Wer von euch ohne Schuld ist, der werfe den ersten Stein". Aber er sagte:

„Ich verurteile dich auch nicht; du darfst gehen. Sündige von jetzt an nicht mehr."

Wenn Sie erkannt haben, dass Ihr bisheriges Leben nicht so verlaufen ist, dass es Gott gefallen könnte, dann ist ein neues, erfülltes Leben nur ein Gebet weit entfernt. Dieses Gebet könnte lauten: „Vater im Himmel, mir ist klargeworden, dass ich mein Leben selbst bestimmt habe und von dir getrennt bin. Vergib mir meine Schuld. Danke, dass du meine Sünden vergeben hast, weil Christus für mich gestorben ist und mein Erlöser geworden ist. Herr Jesus, bitte übernimm die Herrschaft in meinem Leben und verändere mich so, wie du mich haben willst."

Wenn Sie dieses Gebet von Herzen sprechen, wird Jesus Christus Herr über Ihr Leben, vergibt er Ihnen Ihre Sünden, schenkt er Ihnen Geborgenheit, Freude und Hoffnung, werden Sie ein Kind Gottes und dürfen „Vater" zu ihm sagen, erfahren Sie die Kraft des Heiligen

Geistes und beginnen, an dem sinnerfüllten Leben, für das Gott Sie geschaffen hat, teilzuhaben. Vertrauen Sie darauf, dass Gott in Ihrem Leben entscheidende Veränderungen vornimmt, die Sie manchmal verwirren werden, die Ihr Leben aber sehr positiv beeinflussen werden. Der Glaube ist wie ein Muskel, der immer stärker wird, je mehr Sie ihn trainieren.

61. SORGEN

Vor einiger Zeit habe ich einen Artikel gelesen, der mich ansprach. Dort hieß es:

„Sorgen sind wie ein Schaukelstuhl: Es geht nur immer auf und ab, aber man bewegt sich keinen Zentimeter vom Fleck. Kennen Sie das? Sie grübeln, quälen sich ab und verzweifeln fast an den Sorgen des Lebens. Wie wird die Zukunft? Wird das Geld reichen, um genug zum Leben zu haben? Wie wird es mir ergehen, wenn ich alt bin ... Sorgen rauben Ihnen die Freude und den Schlaf, vereinsamen Sie und lassen Sie an nichts Anderes mehr denken. Aber niemals bringen Sorgen Sie auch nur einen Schritt weiter".

Ich kenne eine Reihe von Leuten, die sich das Leben selber sehr schwer machen, weil Sie sich um die verrücktesten Sachen Sorgen machen. Über Ereignisse, die eventuell eintreten könnten, aber es mit einer Wahrscheinlichkeit von 99% nie werden. Gott kennt uns Menschen sehr genau und er hat in seinem Wort gerade zu dem Thema Sorgen sehr viel gesagt und Sorgen sogar Sünde genannt, um uns davon abzuhalten. Aber Gottes Wort nützt uns gar nichts, wenn wir es nicht kennen, weil wir ihm keinen Raum in unserem Leben geben. Deshalb weise ich hier auf einige Bibelstellen zu diesem Thema hin. Im Kapitel 12, Vers 22 ff des Lukas-Evangeliums sagt Jesus: „Deshalb sage ich euch: Macht euch keine Sorgen um die Nahrung, die ihr zum Leben, und um die Kleidung, die ihr für euren Körper braucht. Denn das Leben ist wichtiger als die Nahrung, und der Körper ist wichtiger als die Kleidung." Er weist dann darauf hin, wie Gott die Vögel versorgt, ohne dass sie etwas dafür tun, und sagt: „Und ihr seid doch viel mehr wert als die Vögel. Wer von euch kann dadurch, dass er sich Sorgen macht, sein Leben auch nur um eine Stunde verlängern? Wenn ihr also nicht einmal so etwas Geringfügiges fertigbringt, warum macht ihr euch dann Sorgen um all das übrige?" Und ein paar Verse weiter: „Lasst euch nicht von der Sorge um Essen und Trinken umtreiben und in Unruhe versetzen! Denn um diese Dinge geht es den Heiden, den Menschen dieser Welt. Euer Vater aber weiß, dass ihr das alles braucht. Es soll euch vielmehr um sein Reich gehen, dann wird euch das übrige dazugegeben".

Das bedeutet nicht, dass wir uns hinsetzen und die Hände in den Schoß legen sollen, nach dem Motto: „Der Papa wird's schon richten". Aber Gott will, dass wir uns dessen bewusstwerden, dass wir ohne Ihn überhaupt nichts ausrichten können, mit Ihm an unserer Seite aber alles erreichen können. Er ist unser Vater und er liebt uns und will unser Bestes. Dieses Bild, dass Gott unser Vater ist, bringt für mich immer wieder sehr viel Klarheit, weil ich selber ein Vater bin. Stellen Sie sich vor, dass Sie alles unternehmen, damit es Ihren Kindern gut geht. Sie sorgen dafür, dass sie ausreichend zu essen und zu trinken haben, dass sie gut und sauber gekleidet sind, dass sie eine gute Ausbildung bekommen, damit sie im Leben bestehen können usw. Aber Ihre Kinder sagen die ganze Zeit, dass sie nicht daran glauben, dass Sie das auch morgen noch tun werden und dass sie lieber selber dafür sorgen wollen, dass es ihnen gut geht. Würde Sie das nicht traurig machen und wäre es nicht sehr frustrierend für Sie? Können Sie sich vorstellen, dass es Gott mit Ihnen genauso geht, wenn Sie sich permanent Sorgen machen?

Gott hat in meinem Leben viele Wunder gewirkt, aber ich musste erst lernen, Ihm zu vertrauen, bevor ich diese Wunder überhaupt erkennen konnte. Solange ich der Meinung war, ich brauche keine Hilfe und kann alles selber schaffen, war ich blind für Sein Wirken. Erst als ich angefangen habe, Ihm zu vertrauen, wurden mir die Augen geöffnet und ich habe erkannt, bei wie vielen Gelegenheiten Gott eingegriffen und mir geholfen hat mit einem Handeln, das ich alleine nie zustande gebracht hätte.

Im Brief an die Philipper Kap.4, 6 schreibt Paulus: „Macht euch um nichts Sorgen! Wendet euch vielmehr in jeder Lage mit Bitten und

Flehen und voll Dankbarkeit an Gott und bringt eure Anliegen vor ihn." Geben Sie Gott doch einmal eine Chance. Nehmen Sie sich vor, diesen Vers aus dem Philipperbrief einmal für vier Wochen ernst zu nehmen, Gott Ihre Anliegen und Probleme im Gebet zu übergeben und sich keine eigenen Sorgen darum zu machen, sondern darauf zu vertrauen, dass Er Ihnen helfen wird. Ich garantiere, Sie werden es nicht bereuen!

62. CORONA VIRUS

Wir leben in stürmischen Zeiten. Noch nie seit dem 2. Weltkrieg hat es eine ähnliche Situation in Deutschland gegeben wie momentan. Alles, was uns Sicherheit zu geben schien, bricht weg. Das Corona Virus greift um sich, weltweit sterben Menschen daran und ein Ende ist nicht in Sicht. Die Wirtschaft bricht in der ganzen Welt zusammen, es wird viele Pleiten geben und Menschen werden arbeitslos. Das öffentliche Leben kommt fast vollständig zum Erliegen und viele Menschen sind gezwungen, in ihrer Wohnung zu bleiben, weil Ausgangssperren und Quarantäne verhängt werden. Aber wie reagieren die Menschen darauf? Klagen sie Gott und die Welt an, dass ihr Leben total aus den Angeln gerät und sie auf den gewohnten Komfort verzichten müssen und dass ihr Leben womöglich in Gefahr ist, oder fangen sie an, nachzudenken? Es wäre eine wunderbare Gelegenheit, sich einmal darüber Gedanken zu machen, wie gut es uns in der Vergangenheit gegangen ist. Haben wir das alles als selbstverständlich hingenommen, oder sind wir einmal auf die Idee gekommen, Gott dafür zu danken, wie reich Er uns beschenkt hat?

Ich bin davon überzeugt, dass Gott nicht der Urheber dieser ganzen Katastrophe ist, aber er lässt sie zu, um uns dazu zu bringen, uns einmal in Ruhe hinzusetzen und unser Leben zu überdenken. Wir leben in einem der reichsten Länder der Welt. Das ist ein Geschenk Gottes! Aber das registrieren die meisten von uns gar nicht. Gott ist kein Thema für sie, solange alles gut geht. Aber in dem Moment, wo so eine Katastrophe wie jetzt passiert, erinnern wir uns plötzlich wieder an Ihn, weil wir einen Buhmann brauchen, dem wir das in die Schuhe schieben können. Was ist das für ein Gott, der so ein Unglück zulässt? Kann das ein liebender Gott sein?

Nehmen Sie doch in dieser Zeit, wo Sie gezwungen sind, Ihre Aktivitäten einzuschränken, einmal die Bibel, das Wort Gottes zur Hand. Sie werden erstaunt sein, wieviel Weisheit und praktische

Anleitung dieses Buch enthält. Dort finden wir auch Erklärungen darüber, was der liebende Gott mit solchen Situationen erreichen will. Im Hebräerbrief Kap. 12 Vers 10-11 lesen wir:

„Gott aber weiß wirklich, was zu unserem Besten dient; er erzieht uns so, dass wir an seiner Heiligkeit Anteil bekommen. Mit strenger Hand erzogen zu werden tut weh und scheint zunächst alles andere als ein Grund zur Freude zu sein. Später jedoch trägt eine solche Erziehung bei denen, die sich erziehen lassen, reiche Früchte: Ihr Leben wird von Frieden und Gerechtigkeit erfüllt sein."

Wir haben zwei Möglichkeiten: Uns aufzulehnen, zu schimpfen und zu jammern, oder das momentane Geschehen als eine Aufforderung aufzufassen, uns von Gott erziehen zu lassen. Denn nur dann, wenn wir das Gute darin sehen und uns zur Änderung unserer Gesinnung und unseres Handelns bewegen lassen, werden wir den inneren Frieden erlangen, den nur Gott schenken kann. Und der ist nicht mit Geld zu bezahlen. Er kann auch nicht gekauft werden, sondern nur durch Glauben erreicht werden.

Die Menschheit hat sich in letzter Zeit wieder einmal eingebildet, alles im Griff zu haben und alles mit eigener Kraft erreichen zu können. Aber Gott zeigt uns gerade, wie begrenzt wir doch sind. Er hat alles im Griff und Ihm sind keine Grenzen gesetzt. Das müssen wir aber glauben. Die Jünger Jesu kamen auch in eine Situation, wo sie um ihr Leben bangten. In Mat. 8, 23-26 steht:

„Daraufhin stieg Jesus in das Boot; seine Jünger folgten ihm und sie fuhren los. Plötzlich brach auf dem See ein heftiger Sturm los, sodass das Boot fast von den Wellen begraben wurde. Jesus aber schlief. Die Jünger stürzten zu ihm und weckten ihn. "Herr" schrien sie, "rette uns, wir sind verloren!" Aber Jesus sagte zu ihnen: „Warum habt ihr solche Angst, ihr Kleingläubigen?" Dann stand er auf und wies den Wind und die Wellen in ihre Schranken. Da trat eine große Stille ein."

So schlimm kann keine Situation sein, dass Gott sie nicht im Griff hätte. Aber er will, dass wir zu Ihm umkehren und um Hilfe bitten. „Da schrien sie zum Herrn in ihrer Not und er rettete sie aus allen ihren Ängsten." (Psalm 107, 13) Glaubt und betet!

63. GOTT HAT ALLES IN DER HAND

Wer hätte sich am Anfang dieses Jahres vorstellen können, dass die ganze Welt innerhalb weniger Wochen praktisch zum Stillstand kommen würde? Wir waren über viele Wochen gezwungen, aus dem Hamsterrad herauszutreten und die Hektik des Alltags wurde abgelöst von einer für viele beängstigenden Ruhe. Die Menschen müssen mit völlig neuen Lebenssituationen zurechtkommen. Die einen arbeiten wie nie zuvor unter großem Einsatz und Risiko und andere sind in Kurzarbeit geschickt worden. Dabei ist immer noch festzustellen, dass es uns in Deutschland sehr viel besserging und geht, als den Leuten in vielen anderen Ländern, die kein so engmaschiges Sozialnetz haben wie wir. Haben wir Gott schon einmal dafür gedankt?

Ich stelle in dieser herausfordernden Zeit wieder einmal fest, was für ein großes Geschenk es ist, an unseren Erlöser Jesus Christus glauben zu dürfen. Es ist eine wunderbare Erleichterung, daran glauben zu können, dass Gott alles in der Hand hat, dass es für Ihn kein Problem gibt, das Er nicht lösen könnte. Jesus sagt am Ende des Matthäus-Evangeliums: „Mir ist alle Macht im Himmel und auf der Erde gegeben." (Mat. 28, 18)

Wir müssen wieder anfangen, nach Gott zu suchen. Wo wir ohne Ihn hinkommen, erleben wir gerade. Der Mensch hat eben nicht alles im Griff. Aber dieser Tatsache müssen wir lernen, ins Auge zu schauen und uns nicht dagegen aufzulehnen. Im Alten Testament lesen wir in 2. Chronik 7, 13-14: „Siehe, wenn ich den Himmel verschließe, dass es nicht regnet, oder die Heuschrecken das Land fressen oder eine Pest (Coronavirus) unter mein Volk kommen lasse und dann mein Volk, über das mein Name genannt ist, sich demütigt, dass sie beten und mein Angesicht suchen und sich von ihren bösen Wegen bekehren, so will ich vom Himmel herhören und ihre Sünde vergeben und ihr Land heilen."

Ich glaube, dass in der Welt schon lange nicht mehr so viel gebetet wurde, wie im letzten Jahr und das ist sehr gut. Wie wäre es, wenn Sie sich einmal eine Stunde Zeit nehmen, sich in ein stilles Eck setzen und mit Gott reden? Sie könnten Ihn zum Beispiel fragen: „Herr, was willst du mir in dieser Zeit sagen? Wofür möchtest du mir die Augen öffnen? Zeig mir bitte, was ich in der Vergangenheit falsch gemacht habe. Was möchtest du in meinem Leben verändern? Möchtest du, dass ich die Prioritäten in meinem Leben verändere?" Ich kann mir nicht vorstellen, dass wir am Ende dieser Pandemie einfach wieder zur Tagesordnung übergehen und alles so weitermachen sollten, wie bisher. Jede Krise ist in erster Linie auch eine Chance. Ihre Chance könnte darin bestehen, dass Sie anfangen, nicht alles selbstbestimmt zu erledigen, sondern Gott nach seinem Willen fragen und Ihn in Ihrem Leben bestimmen lassen. Das Wort Gottes zeigt uns die Folgen eines solchen Handelns auf. So heißt es in Jeremia 33,3: „Rufe mich an, so will ich dir antworten und will dir kundtun große und unfassbare Dinge, von denen du nichts weißt." Oder in Epheser 1, 18-23 betet Paulus für die Gemeinde: „Er öffne euch die Augen des Herzens, damit ihr erkennt, was für eine Hoffnung Gott euch gegeben hat, als er euch berief, was für ein reiches und wunderbares Erbe er für die bereithält, die zu seinem heiligen Volk gehören, und mit was für einer überwältigend großen Kraft er unter uns, den Glaubenden am Werk ist. Es ist dieselbe gewaltige Stärke, mit der er am Werk war, als er Christus von den Toten auferweckte......" Und in Eph. 2, 1 schreibt er: „Auch euch hat Gott zusammen mit Christus lebendig gemacht. Ihr wart nämlich tot – tot aufgrund der Verfehlungen und Sünden, die euer früheres Leben bestimmten."

Ich wünsche Ihnen von Herzen, dass Sie sich die Augen von Gott öffnen lassen und sich der Herrschaft Jesu Christi unterstellen, damit all diese Verheißungen in Ihrem Leben Realität werden. Dann können auch Sie erleben, welche Ruhe und Freiheit in Ihr Leben kommt durch den Glauben an Jesus und Sie sehen, wie die Verheißungen aus den Psalmen für Sie Realität werden, z.B. Ps.23: „Der HERR ist mein Hirte, darum leide ich keinen Mangel.... Er stärkt und erfrischt meine Seele. Er führt mich auf rechten Wegen und verbürgt sich dafür mit seinem Namen. Selbst wenn ich durch ein finsteres Tal gehen muss... fürchte ich mich vor keinem Unglück, denn du HERR bist bei mir". Suchen Sie den HERRN, er lässt sich finden!

64. EWIGKEIT

Ich liebe die Wegkreuze und Marterl an den Straßen und Wegen, die überall in Bayern zu finden sind. Manche sind sehr schlicht, aber einige haben auch eine Botschaft, über die es sich echt lohnt, nachzudenken. So eines steht an einer unserer Lieblingswanderstrecken im Vilshofener Land. Darauf steht:

„Der Weg zur Ewigkeit ist manchmal gar nicht weit, um acht Uhr fuhr er fort, um 10 Uhr war er dort."

Ein scheinbar lustiger Spruch, der mir aber sehr viel zu denken gab. Machen wir uns wirklich ernsthaft Gedanken darüber, wie endlich unser Leben ist und wie schnell es zu Ende sein kann? Ich befürchte, dass das die wenigsten von uns tun.

Seitdem ich zum lebendigen Glauben an meinen Erlöser Jesus Christus gefunden habe, ist dieses Thema für mich sehr wichtig geworden. Wenn wir uns die Zeit nehmen, regelmäßig in Gottes Wort, der Bibel zu lesen, werden wir unweigerlich mit dem Thema Tod und der Frage, was danach kommt, konfrontiert. Bei Gott gibt es nur schwarz oder weiß, nicht so viele Grauzonen, wie sie unsere moderne Welt liebt, die das Schwarz- Weiß- Denken verabscheut. Die Bibel sagt uns ganz klar im Brief an die Hebräer (9,27): „Sterben müssen alle Menschen; aber sie sterben nur einmal, und darauf folgt das Gericht." Unser Leben ist kein Computerspiel, bei dem man immer wieder ein neues Leben bekommt.

Nach den Aussagen der Bibel ist unser Leben hier in dieser Welt nur die Vorbereitung auf das ewige Leben. Unser hiesiges Leben bestimmt den Ort, an dem wir die Ewigkeit verbringen werden. Diese „Ewigkeit" ist ein Begriff, der nicht nur mir große Probleme bringt, ihn zu verstehen. In unserer Vorstellung hat alles irgendwann ein Ende. Bei positiven Dingen bedauern wir das Ende, bei negativen sehnen wir es herbei. In der Ewigkeit gibt es kein Ende, das den dann erreichten Zustand abschließen wird.

Die Bibel sagt uns, dass seit Adam und Eva die Sünde in unser Leben gekommen ist und diese Sünde trennt uns von Gott, der heilig ist und keine Gemeinschaft mit Sünde haben kann. Das würde bedeuten, dass jeder Mensch die Ewigkeit in der Trennung von Gott verbringen muss. Die Bibel nennt das Hölle.

Aber Gott liebt uns Menschen viel zu sehr, als dass Er nicht einen Ausweg aus dieser Situation geschaffen hätte. Er hat in der Person Jesu Christi die Schuld der ganzen Welt auf sich genommen. Jesus ist für unsere Sünden, unsere Schuld am Kreuz gestorben. Aber Gott hat ihn wieder auferweckt und so ist der Tod in Ewigkeit besiegt. Aber Gott kennt uns Menschen viel zu gut, als dass er uns damit einen ewigen Freibrief gegeben hätte. Dieses ewige Leben in der Gegenwart Gottes hat er nur denen verheißen, die seine Rettungstat im Glauben angenommen haben und Jesus als ihren Retter und Erlöser in ihr Leben aufgenommen haben. Das heißt, denen, die ihr Leben in der Gemeinschaft mit Jesus leben. Und wenn ich Gemeinschaft mit jemandem haben möchte, dann muss ich Zeit mit ihm verbringen. Wie kann ich Zeit mit Jesus verbringen? In erster Linie bedeutet Gemeinschaft, miteinander zu reden. Jesus hat uns am Ende des Matthäusevangeliums versprochen: „Ich bin bei euch alle Tage bis zum Ende der Welt." Wenn er immer an meiner Seite ist, kann ich jederzeit mit ihm reden, also zu ihm beten. Dazu muss ich nicht extra in die Kirche gehen, oder einen bestimmten Ort aufsuchen. Ich bete in jeder Situation zu Jesus und bin sicher, dass er es hört und darauf reagiert. Aber er will auch mit mir reden. Das tut er, indem ich in seinem Wort, der Bibel lese oder eine Predigt höre. Auch im Gespräch mit anderen kann Gott direkt zu uns sprechen und uns seinen Willen klarmachen. Jesus sagt im Lukasevangelium (17, 21): „Das Reich Gottes ist mitten unter euch." Wenn wir ein Leben in der Gegenwart Gottes und in der Gemeinschaft mit ihm führen, werden wir erleben, dass das Reich Gottes bereits jetzt unter uns ist. Dann hat die Ewigkeit schon jetzt in unserem Leben begonnen. Jeder, der Jesus in sein Leben aufgenommen hat, kann das bezeugen. Ein Leben in der Gegenwart Gottes bringt einen Frieden und eine Lebensfreude, die unbeschreiblich ist und dann hat die Ewigkeit keinen Schrecken mehr für mich, sondern ich kann mich auf sie freuen.

65. BRANDHERD ZUNGE

Die Heilige Schrift, die Bibel beschreibt Dinge und Bereiche, die Gott für unser Leben wichtig sind, besonders häufig. Ein solcher Bereich, über den wir sehr viel lesen können, ist unsere Zunge, bzw. unser Reden. In den Sprüchen der Weisheit von Salomo finden wir sehr viele Stellen dazu, aber auch im Kapitel 3 des Jakobus- Briefes. Dort heißt es in den Versen 5 ff:

„Genauso ist es mit der Zunge: Sie ist nur ein kleines Organ unseres Körpers und kann sich doch damit rühmen, große Dinge zu vollbringen. Wie ist es denn beim Feuer? Ein Funke genügt, um einen ganzen Wald in Brand zu setzen! Auch die Zunge ist ein Feuer...Unser ganzes Wesen wird von ihr vergiftet; sie setzt die gesamte menschliche Existenz in Brand mit einem Feuer, das die Hölle selbst in ihr entzündet...die Zunge kann kein Mensch bändigen. Sie ist ein ständiger Unruheherd, eine Unheilstifterin, erfüllt von tödlichem Gift. Mit ihr preisen wir den, der unser Gott und Vater ist, und mit ihr verfluchen wir Menschen, die als Ebenbild Gottes geschaffen sind. Aus ein und demselben Mund kommen Segen und Fluch. Das, meine Geschwister, darf nicht sein!"

Wir alle kennen Menschen, deren liebste Beschäftigung es ist, über andere negativ zu reden und dabei viel Gift zu verspritzen. Aber können wir uns selber davon freisprechen? Ich ertappe mich leider immer wieder einmal dabei, dass mir ein negativer Satz über einen Mitmenschen herausrutscht, obwohl ich mir fest vorgenommen habe, das zu vermeiden.

Der weise Sokrates fragte einmal einen jungen Mann, der ihm etwas über einen anderen erzählen wollte, ob er das, was er ihm sagen wollte, durch die drei Siebe gesiebt habe. „Nein", fragte der Junge, „was sind das für Siebe?"

„Das erste Sieb ist die Wahrheit. Hast du dich davon überzeugt, dass das, was du mir erzählen willst, wahr ist?" „Nein" sagte er, „ich hörte es jemanden erzählen". „Das zweite Sieb ist die Güte. Ist das, was du mir erzählen willst, gut?" „Nein", sagte der Junge, „im Gegenteil." „Das dritte Sieb ist die Notwendigkeit. Ist es notwendig, dass du mir das erzählst?" „Das gerade nicht." Also, sagte Sokrates zu seinem jungen Freund, wenn es weder wahr, noch gut, noch notwendig ist, dann lass es begraben sein. Belaste weder dich noch mich damit.

Wenn wir alles, was wir weitererzählen wollen, durch diese drei Siebe geben würden, könnte viel Unheil vermieden werden.

Wir sollten uns aber auch darüber im Klaren sein, dass alles, was wir sagen, ein Same ist, der in irgendeiner Weise aufgehen wird. In Gal. 6, 7 heißt es: „Macht euch nichts vor! Gott lässt keinen Spott mit sich treiben. Was der Mensch sät, das wird er auch ernten." Das ist besonders wichtig für Gespräche zwischen Eltern und Kindern, oder zwischen Vorgesetzten und Untergebenen. Mit jeder Aussage säen wir etwas in den anderen hinein. Wenn wir unsere Kinder loben, ihnen bestätigen, dass sie gute Begabungen haben, dann bauen wir sie auf und bewirken, dass sie Freude daran haben, ihre Aufgaben gut zu bewältigen. Das bedeutet nicht, dass wir keine positive Kritik anbringen sollen. Korrektur ist wichtig! Wenn wir ihnen aber permanent sagen, dass sie zu dumm und zu unfähig sind, die Dinge zu erledigen, dann verfestigt sich das in ihnen und wird zur Realität. Jemand sagte einmal: „Der teuerste Satz, den ein Vater zu seinem Kind sagen kann, ist: „Du wirst es nie zu etwas bringen!" Dieser Satz produziert ewige Studenten und unfähige Leute." Es ist so wertvoll, wenn wir aufbauende und lobende Worte für unsere Kinder, Mitarbeiter und Mitmenschen gebrauchen und wir profitieren selber davon, weil wir dann von zufriedenen Menschen umgeben sind.

Ein Satz in der Bibel gibt mir immer wieder zu denken. Er steht in Matthäus 12, 36. Da sagt Jesus: „Ich sage euch: Am Tag des Gerichts

werden die Menschen Rechenschaft ablegen müssen über jedes
unnütze Wort, das sie geredet haben. Denn aufgrund deiner Worte
wirst du freigesprochen werden und aufgrund deiner Worte wirst du
verurteilt werden!" Ich wünsche Ihnen, dass Sie freigesprochen
werden!

66. WER IST JESUS CHRISTUS?

Im Jahr 2020 erlebten wir Weihnachten einmal anders, als wir es in der jüngeren Vergangenheit gewohnt waren. Wir mussten damit rechnen, dass wir wegen der Coronawelle heuer eine wirklich „staade" Zeit bekommen, dass sich nicht ganze Familienverbände treffen können. Aber sollten wir uns deswegen grämen? Sehen wir doch die positive Seite dieser Situation und freuen uns darüber, dass wir endlich einmal Zeit haben, über die wichtigen Dinge in unserem Leben nachzudenken. Wann haben wir uns das letzte Mal Gedanken darübergemacht, was da wirklich gefeiert wird?

Wir feiern die Geburt Jesu Christi. Denken wir dabei an ein niedliches Baby auf dem Arm seiner Mutter, oder an die wichtigste Person in der Geschichte der Menschheit? Jesus ist auf alle Fälle eine der am besten dokumentierten Personen der Geschichte, aber hat er eine Bedeutung für Ihr Leben? Und wenn er eine Bedeutung für Sie hat, ist das etwas, was Sie in Ihrem Verstand bewegen, oder in Ihrem Herzen? Es ist ein großer Unterschied, ob ich verstandesmäßig akzeptiere, dass Jesus Gottes Sohn ist, dass er auf die Erde kam, gut dreißig Jahre unter den Menschen gelebt hat und dann gekreuzigt wurde, oder ob es mich in meinem Herzen berührt, dass er meine Sünden auf sich genommen, die Strafe dafür ertragen hat und für meine Erlösung gestorben ist. Auch der Islam und die Zeugen Jehovas glauben an Jesus, aber nur als einen Propheten und nicht als Gottes Sohn.

Wenn uns daran gelegen ist, Jesus näher kennen zu lernen, dann gibt es keine bessere Quelle, als sein Wort, die Bibel. In den vier Evangelien des neuen Testaments können wir ihn hautnah erleben, können seine Aussagen studieren und uns ein Bild von dieser wunderbaren Person machen. Aber selbst das Alte Testament weist an verschiedenen Stellen schon auf Jesus hin. Die markanteste ist wohl in Jesaja 53. Dort heißt es: „Fürwahr, er trug unsere Krankheit und lud auf sich unsere Schmerzen. Wir aber hielten ihn für den, der geplagt und von Gott geschlagen und gemartert wäre. Aber er ist um unserer Missetat willen verwundet und um unserer Sünde willen zerschlagen. Die Strafe liegt auf ihm, auf dass wir Frieden hätten, und durch seine Wunden sind wir geheilt." Ist es nicht erstaunlich, dass dieser Prophet bereits 700 Jahre vor der Geburt von Jesus Christus so klar über seinen Auftrag berichtet hat?

Im neuen Testament finden wir vor allem im Johannesevangelium umfangreiche Erklärungen zu Jesus. Hier sind vor allem die „Ich-bin-Worte" von Jesus hervorzuheben: „Ich bin das Brot des Lebens, ...das Licht der Welt, ...die Tür, ...der gute Hirte, ...die Auferstehung und das Leben, ...der Weg und die Wahrheit und das Leben, ...der wahre Weinstock." Das sind alles Worte, über die es sich lohnt, einmal intensiver nachzudenken. Aber wir sollten das nicht nur mit dem Verstand tun, sondern mit dem Herzen. Die meisten Menschen nennen sich zwar Christen, aber mit Christus können sie herzlich wenig anfangen. Gott ja, aber Jesus Christus? Er ist ihnen fern, weil sie nicht bereit sind, sich über ihn, über seinen Auftrag, über sein Wirken und vor allem über die Auswirkung seines Handelns auf unser Leben Gedanken zu machen. Da steht eine ganz wichtige Passage im ersten Kapitel des Johannesevangeliums. Dort heißt es in Joh.1,10-13 „Er war in der Welt, aber die Welt, die durch ihn geschaffen war, erkannte ihn nicht. Er kam zu seinem Volk, aber sein Volk wollte nichts von ihm wissen. All denen aber, die ihn aufnahmen und an seinen Namen glaubten, gab er das Recht, Gottes Kinder zu werden. Sie wurden es weder aufgrund ihrer Abstammung noch durch menschliches Wollen, ...sie sind aus Gott geboren worden."

Ich kann aus eigener Erfahrung bezeugen, dass sich mein Leben vollständig verändert hat, als ich Jesus in mein Leben aufnahm und mich entschlossen habe; nicht mehr alles selber zu bestimmen, sondern mich seiner Führung anzuvertrauen. Mein Leben ist sehr viel entspannter geworden, unerwartete Ereignisse werfen mich nicht mehr aus der Bahn, sondern ich vertraue darauf, dass Jesus alles in der Hand hat. Er liebt mich und er will mein Bestes. Ich wünsche Ihnen eine neue Beziehung zum Herrn Jesus Christus.

67. GOTTES WORT ALS FÜHRUNG

Ich bin immer wieder begeistert, wie Gott auf meine Gebete reagiert. Gestern Abend vor dem Einschlafen bat ich ihn, mir ein Thema für die nächste Denkpause zu geben. Mitten in der Nacht wachte ich auf und hatte ganz klar eine Bibelstelle aus Psalm 119 im Sinn. Dort steht im Vers 105: „Dein Wort ist meines Fußes Leuchte und ein Licht auf meinem Wege."

Ich dankte Gott für den Hinweis und schlief sofort wieder weiter. Heute Morgen gab Er mir noch einige Hinweise zu diesem Thema. Ich bin so dankbar, dass Gott mir immer wieder zeigt, dass Er lebendig ist, dass Er mich liebt, auf meine Bedürfnisse eingeht und mir hilft. Eine der größten Hilfen bei diesem Thema ist mir Sein Wort, die Bibel. Im 2. Brief an Timotheus (3, 16) schreibt Paulus: „Denn alles, was in der Schrift steht, ist von Gottes Geist eingegeben, und dementsprechend groß ist auch der Nutzen der Schrift: Sie unterrichtet in der Wahrheit, deckt Schuld auf, bringt auf den richtigen Weg und erzieht zu einem Leben nach Gottes Willen."

Auf meinem Weg mit Jesus war mir die Bibel immer wieder Hilfe, Trost, Anregung und Wegweisung. Die Aussage, dass die Bibel ein uraltes Buch ist, das uns heute nichts mehr zu sagen hat, kann nur jemand bringen, der sich noch nie mit ihr beschäftigt hat. Ich bin immer wieder begeistert, wie aktuell dieses Buch ist und wie hilfreich, wenn wir das zulassen, weil wir offen für Gottes Reden sind. Es ist nicht so, dass wir ab dem Zeitpunkt, wo wir unser Leben Jesus unterstellen, keinerlei Probleme und Sorgen mehr haben. Christen leben genauso in der Welt, wie jeder Gottferne und sind denselben Schwierigkeiten ausgesetzt. Aber sie haben einen unschätzbaren Vorteil: Sie sind nicht alleine mit Ihren Problemen, sondern haben einen Tröster und Ratgeber in Jesus an der Seite, der uns am Ende des Matthäusevangeliums versprochen hat: „Und seid gewiss: Ich bin bei euch bis zum Ende der Welt."

Und wie kann uns Jesus Seinen Trost und Seinen Rat besser vermitteln als durch Sein Wort! Ich habe in meinem Leben eine Reihe von Problemen erlebt, die mir sehr große Schwierigkeiten gebracht haben und meine Situation hoffnungslos erscheinen ließen. Nach menschlichem Ermessen hätten sie zu einem totalen Chaos führen müssen. In dieser Situation zeigte Jesus mir immer wieder eine Bibelstelle aus den Sprüchen des Salomo: (Sprüche 3, 5): „Verlass dich auf den HERRN von ganzem Herzen, und verlass dich nicht auf deinen Verstand, sondern gedenke an Ihn in allen deinen Wegen, so wird Er dich recht führen."

Es war wirklich erstaunlich, welch unterschiedliche Wege Gott fand, um mir immer wieder diesen Vers vor Augen zu halten. Ich schlug meine Bibel auf und es war genau diese Stelle, die auch noch fett gedruckt war; ich las eine christliche Zeitschrift, und was stand da, wieder der Vers; ich ging am Sonntag in die Gemeinde und worüber predigte der Pastor? Sprüche 3 Vers 5. Und Er fand noch einige andere Gelegenheiten, um mich auf diesen Satz aufmerksam zu machen. Mir blieb in beiden Situationen nichts Anderes übrig, als darauf zu vertrauen, dass Gott eine Lösung für mich hatte, denn eine menschliche Lösung sah ich nicht. Und Er hat mich nicht enttäuscht. Er hatte in beiden Fällen einen Weg, der nach menschlichem Überlegen undenkbar schien, aber für Gott war es ein Leichtes.

Ich könnte unzählige Beispiele aufführen, in denen ich durch das Lesen der Bibel Führung und Weisung erlebt habe. In Situationen, wo ich eine Entscheidung treffen musste, die für mein weiteres Leben von großer Bedeutung war, hat mich Sein Wort auf den richtigen Weg gebracht. Aber es sind nicht immer die großen Dinge, bei denen wir Anweisung durch Gottes Wort erfahren, sondern meistens betreffen sie meinen Alltag. Oft erhalte ich durch das Lesen auch Hinweise über Dinge, die ich gar nicht beachtet habe, die mich aber blockieren. Wenn ich mich zum Beispiel über jemanden geärgert habe und ihm das nachtrage. Dann lese ich plötzlich wieder, wie wichtig es Gott ist, dass wir vergeben. Oder ich habe eine Aufgabe, die ich erhalten habe, vergessen und werde durch das Wort daran erinnert, wie wichtig es ist, dass wir zuverlässig sind und ein einmal gegebenes Versprechen auch einhalten müssen. Ob es die großen oder die kleinen Dinge im Leben sind, Gottes Wort ist ein Licht auf unserem Weg.

68. NÄHE ZU GOTT

Eine kleine Geschichte, die ich neulich gelesen habe, gab mir zu denken:

Ein kleiner Junge fragte seinen Vater: „Wie groß ist Gott?" Der Vater antwortete erst einmal nicht, richtete den Blick zum Himmel, sah ein Flugzeug und fragte seinen Sohn: „Wie groß ist dieses Flugzeug?" Der Kleine antwortete ohne zu zögern: „Sehr klein, Papa, kaum zu sehen!" Kurz darauf fuhr er mit seinem Sohn zu einem Flughafen. Während sie sich einem Airbus A380 näherten, fragte er seinen Sohn: „Und jetzt? Wie groß ist das Flugzeug jetzt?" Fasziniert antwortete der Junge: „Es ist riesig Papa, man könnte es nie übersehen!" Darauf sagte der Vater: „So ist es mit Gott! Seine Größe ist abhängig vom Abstand, den du zu ihm hältst. Je näher du ihm bist, desto größer ist Gott in deinem Leben!"

Ich liebe solche Bilder, weil sie mir selber viel sagen über mein eigenes Leben, mein Verhältnis zu Gott. Ich liebe Gott und bin ihm unendlich dankbar für all sein Wirken in meinem Leben, dass wir auch im Alter noch gesund sein können und dass Er uns in jeder Situation zur Seite steht. Aber bei all der Dankbarkeit, die ich darüber empfinde, erlebe ich auch in meinem Leben immer wieder, dass der Abstand zu Ihm wächst und Er mir fremder wird. Das liegt aber nicht an Gott, sondern an mir. Gott ist immer derselbe und Er will uns immer nah sein. Das verspricht Er uns am Ende des Matthäus- Evangeliums: „Und seid gewiss: Ich bin jeden Tag bei euch, bis zum Ende der Welt." Ist das nicht ein wunderbarer Gedanke? Wir sind nie alleine, unser HERR ist immer an unserer Seite.

Wenn also das Gefühl in mir wächst, dass mir Gott immer ferner ist, dann liegt das an mir und nicht an Ihm. Mein Bestreben, alles selber schaffen zu wollen und keine Hilfe zu brauchen, meine Sorgen, mein Streben nach Erfolg und meine Vergnügungen sind es, die diese Distanz bewirken. Gott weiß genau, was ich brauche und was gut für mich ist, aber ich muss das akzeptieren und Seine Hilfe annehmen. Solange ich das nicht mache, wird die Distanz immer größer bis zu dem Punkt, wo ich Ihn nicht mehr suche, sondern für meine Fehlschläge auch noch anklage. „Wie konnte Gott das zulassen?"

Wir leben in einer sehr herausfordernden Zeit. Durch die Corona-Pandemie ist nichts mehr, wie es war. Unsere Gesundheit ist gefährdet und bei vielen die ganze Existenz. Gewohnte Sicherheiten existieren nicht mehr und das Schlimme ist die Ungewissheit, wie es weitergehen soll und wann ein Ende dieser Krise zu erwarten ist. Ich bin davon überzeugt, dass Gott diese Epidemie nicht verursacht hat, aber Er gebraucht sie, um uns zum Nachdenken zu bringen. Wir können über die ganze Situation schimpfen und uns aufregen, wir können uns aber auch einmal in Ruhe hinsetzen und uns Gedanken über unser Leben, unser Handeln und unser Verhältnis zu Gott machen. Ihm würde das sehr gefallen und wir können uns sicher sein, dass Er uns klar zeigt, was in unserem Leben falsch läuft und wie wir das verändern können. Aber dazu ist es nötig, dass wir uns selber nicht für unfehlbar halten und dass wir Seine Korrektur annehmen. Es fasziniert mich immer wieder, wenn ich in der Bibel das Buch der Offenbarung lese. Dort wird berichtet, dass am Ende der Zeit die sieben Schalen mit dem Zorn Gottes ausgegossen werden und große Leiden über die Menschen kommen. Und dann heißt es in Kap. 16, 9: „Sie wussten genau, dass Gott in seiner Macht diese Plagen über sie hereinbrechen ließ, aber statt umzukehren und ihm Ehre zu erweisen, verfluchten sie seinen Namen." Und im Vers 11: „Doch auch jetzt bereuten sie nicht, was sie getan hatten, und kehrten nicht zu Gott um."

Ich wünschte mir sehr, dass diese Corona Krise viele zum Umdenken bewegt, dass sie diese Krise als Chance erkennen, umzukehren und sich Gott zuzuwenden, um Ihm wieder näher zu sein. Und je näher wir Ihm kommen, umso größer wird Er auch wieder und wir erkennen Sein wunderbares Wirken in unserem Leben und können nur dankbar darüber staunen. Beim Propheten Jesaja heißt es im Kap. 55, 6: „Suchet den Herrn, solange er zu finden ist; rufet ihn an, solange er nahe ist." Gerade jetzt ist dafür die richtige Zeit und ich hoffe, dass viele diese Krise als Weckruf verstehen, umkehren und sich Gott zuwenden.

69. DER VERLORENE SOHN

Das Gleichnis vom verlorenen Sohn in Lukas 15, Vers 11 bis32 fasziniert mich immer wieder. Der Sohn wendet sich ab von seinem Vater und verlangt die vorzeitige Auszahlung seines Erbes. Wenn man die orientalische Familientradition kennt, dann weiß man, dass der Sohn seinem Vater quasi vermittelt hat, dass er für ihn schon gestorben ist. Das ist etwas Ungeheuerliches und man würde meinen, dass der Vater seinen Sohn dafür verstößt und nichts mehr mit ihm zu tun haben will.

Der Sohn verlässt die Heimat danach und bringt das ganze Erbe mit einem Leben von Ausschweifungen und Prassen durch. Damit hat er die anderen Leute, die sich gerne von ihm freihalten ließen aber keineswegs zu seinen Freunden gemacht. Nein, nachdem er alles verloren hatte, stand niemand mehr zu ihm, sodass er gezwungen war, sein Leben bei den Schweinen zu verbringen und zu hungern. Erst als er ganz unten war, kam er zur Besinnung und dachte daran, dass er alles verloren hatte, seinen ganzen Stand und sein Vermögen. Da ging es selbst den Knechten seines Vaters noch wesentlich besser. Er entschloss sich, umzukehren. Im Vers 18 sagte er: „Ich will mich aufmachen und zu meinem Vater gehen und zu ihm sagen: Vater, ich habe mich gegen den Himmel und gegen dich versündigt. Ich bin es nicht mehr wert, dein Sohn genannt zu werden. Mach mich zu einem deiner Tagelöhner."

Aber was macht der Vater? Man möchte ja meinen, dass er sagt: „Ja, du hast recht, aber ich will Gnade vor Recht ergehen lassen und dich als Tagelöhner annehmen." Das tut er aber nicht, ganz im Gegenteil. Er scheint sehnsüchtig auf seinen Sohn gewartet zu haben, denn er sieht ihn schon von weitem kommen und tut etwas, das für einen orientalischen Patriarchen völlig unmöglich ist. Er läuft seinem Sohn entgegen, nimmt diesen stinkenden, dreckigen Kerl in den Arm und küsst ihn. Er beauftragt seine Diener, den Sohn zu reinigen, ihm saubere edle Kleider anzuziehen und ihm einen Ring, das Zeichen der

Sohnschaft an den Finger zu stecken. Kein einziges böses Wort, sondern nur Freude darüber, dass er seinen Sohn wiederhat. Er lässt ein Fest feiern, „denn mein Sohn war tot, und nun lebt er wieder; er war verloren, und nun ist er wiedergefunden."

Kannst Du irgendeine Parallele zwischen Dir und diesem ‚Sohn finden? Sicher hast Du nicht das Vermögen deines Vaters verprasst, aber vielleicht hast Du Gott Vater gegenüber erklärt, dass Er für Dich überflüssig ist, dass Du Dein Leben sehr wohl selbst in die Hand nehmen kannst und Ihn dazu nicht brauchst? Du willst unabhängig sein und dein Leben selbst gestalten. Da wäre es nicht gut, wenn Dir jemand dazwischenredet und Vorschriften macht.

Wir erleben gerade eindrücklich, wie schnell der Mensch mit seinen Fähigkeiten an seine Grenzen stößt. Die Corona-Pandemie hat alles Gewohnte über den Haufen geworfen. Nichts ist mehr so, wie es war und viele von uns erleben im Moment schwere Schicksalsschläge, sei es, dass sie an diesem Virus erkranken, liebe Angehörige oder Freunde verlieren, oder gar ihre Existenzgrundlage. Wir müssen nicht unbedingt eine Hungersnot erleben, oder bei den Schweinen landen, um umzukehren. Wir müssen auch kein ausschweifendes Leben führen und jeden Tag gegen Gottes Gebote verstoßen. Es genügt, dass wir unser Leben unabhängig von Gott leben und alles selber bestimmen wollen, um getrennt von Gott zu sein und diese Trennung nennt die Bibel Sünde. In Römer 6, Vers 23 heißt es: „Denn der Lohn, den die Sünde zahlt, ist der Tod; aber das Geschenk, das Gott uns in seiner Gnade macht, ist das ewige Leben in Jesus Christus, unserem Herrn."

Unser himmlischer Vater wartet auf jeden von uns. Er freut sich darüber, wenn wir einsehen, dass wir es nicht alleine schaffen können und dass wir Ihn brauchen. Wenn Du jetzt umkehrst und Gott bekennst, dass es Sünde war, dass Du getrennt von Ihm leben wolltest und dass Du ab jetzt Dein Leben Seiner Herrschaft unterstellst, dass Du Ihm in Ehrfurcht begegnen und Seine Regeln halten willst, dann nimmt

Er Dich mit Freude auf und dann kann er auch über Dich sagen: „Dieser mein Sohn, diese meine Tochter war tot, jetzt lebt er/sie wieder."

70. GOTTES LIEBE

Einer der bekanntesten Verse zur Liebe Gottes steht im Johannesevangelium, Kapitel 3, Vers 16:

„Denn Gott hat die Welt so sehr geliebt, dass er seinen einzigen Sohn hingab, damit jeder, der an ihn glaubt, nicht zugrunde geht, sondern das ewige Leben hat."

Haben Sie sich schon einmal Gedanken darübergemacht, wie groß Gottes Liebe zu den Menschen sein muss, dass er seinen einzigen Sohn hergegeben hat, damit Sie und ich gerettet werden? Durch die ganze Bibel hindurch, sowohl durch das alte, als auch durch das Neue Testament, können wir lesen, wie sehr uns Gott liebt und wie sehr er sich danach sehnt, dass wir sein Geschenk, das er für uns bereithält, annehmen. Er sehnt sich nach Gemeinschaft mit uns. Er will, dass wir unser selbstbestimmtes Leben aufgeben und uns ihm zuwenden, dass wir danach suchen, was Gott für unser Leben will und nicht immer nur unseren eigenen Willen durchsetzen wollen. Ich habe in den letzten 33 Jahren erlebt, dass Gottes Weg für mich immer der beste ist. Oft wollte ich mit dem Kopf durch die Wand, um unbedingt meine Vorstellungen zu verwirklichen. Aber jedes Mal musste ich feststellen, dass der Weg, den Gott für mich hatte, der wesentlich bessere war.

Wir sollten die Bibel immer genau lesen. In dem wunderbaren Satz von Jesus ist nicht die Rede davon, dass jeder durch den Opfertod von Jesus gerettet ist, sondern es gibt eine Einschränkung. Es heißt hier, dass „…jeder, der an ihn glaubt, nicht zugrunde geht, sondern das ewige Leben hat."

Wir müssen also an Gott und an Jesus Christus und sein Erlösungswerk glauben, damit wir gerettet werden und das ewige Leben haben.

Wie soll denn dieser Glaube ausschauen? Genügt es, die Existenz Gottes nicht anzuzweifeln, so nach dem Motto: „Es wird schon stimmen."?

Ich bin davon überzeugt, dass das nicht ausreicht. Mit Glauben ist hier vor allem Vertrauen gemeint. Wenn Gott sagt, wir sollen an ihn glauben, dann bedeutet das, dass wir auf ihn vertrauen, dass er uns wirklich liebt und unser Bestes will. Sind Sie sich da immer ganz sicher?

Oft sehen die Umstände momentan anders aus, als das, was in Gottes Wort geschrieben steht. Wem glauben Sie dann mehr, den Umständen, oder seinem Wort? Wir können immer nur den nächsten Schritt übersehen, aber Gott sieht viel weiter. Ein guter Schachspieler kann vielleicht die nächsten drei oder vier Züge übersehen, aber Gott kennt schon den Ausgang des Spiels. So ist es auch in unserem Leben.

Wir stehen oft in Situationen, die gar nicht erfreulich sind, sondern eher schmerzlich. Deswegen hat Gott aber noch lange nicht aufgehört, Sie und mich zu lieben, sondern er will immer unser Bestes. Er will, dass wir darauf vertrauen, dass er den richtigen Weg für uns kennt und dass wir uns auf diesem Weg von ihm führen lassen.

In einem afrikanischen Land herrschte mal wieder eine große Trockenheit. Der Pfarrer forderte seine Gemeinde auf, sich am Samstagabend in der Kirche zu treffen und für Regen zu beten. Es kamen viele Leute zum Gebet, aber der Pfarrer schickte sie alle wieder nach Hause. Warum? Keiner von ihnen hatte einen Schirm dabei. Was nutzt es uns, zu beten, wenn wir nicht daran glauben, dass Gott unsere Gebete auch erhört.

Jesus sagt in Matthäus 21, Vers 22:

„Und alles, was ihr im Gebet erbittet, werdet ihr erhalten, wenn ihr glaubt."

Glaube ist wie ein Muskel. Er wächst, je mehr wir ihn trainieren. Ich kann Ihnen aus eigener Erfahrung sagen, dass sich jede einzelne Trainingseinheit gelohnt hat. Auch ich erlebe Situationen, in denen mich Zweifel überkommen, aber dann siegt immer wieder die Erkenntnis, dass Gott mich liebt, dass er mein Bestes will und tut.

Schenken Sie Gott Ihr Vertrauen und glauben an ihn, er will Sie genauso beschenken, wie mich.

Dank:

Ich danke unserem wunderbaren HERRN und dem heiligen Geist für die Begleitung, Unterstützung und Hilfeleistung beim Schreiben,

meiner talentierten Großnichte Alina Lehle für die Gestaltung des Covers,

unserer Freundin Almut Bareis für die Hilfe beim Layout und

meiner lieben Frau Johanna für das Lektoring.

Außerdem danke ich jedem Leser, der sich die Zeit nimmt, einmal anzuhalten und über sein Leben und sein Verhältnis zu Jesus Christus nachzudenken.